只剩一個角落的繁華

陳文茜 著

獻給
所有
失落的一代

目次

地球上青春的眼淚

他們並不想當時代的紀念碑，一點也不想。

他們生在一九九〇年泡沫前的假繁榮時代，享受歷代人類未曾擁有的物質「富裕童年」，然後在渾然不覺中，繁榮的門關上了。光陰真的如同故事，等他們長成，二〇〇八年，十八歲；二〇一一年，二十一歲；二〇一二、二〇一三……人生已數不清還要等待多少個年頭，他們終於慢慢清醒，這一切不是一時的災難；青春的他們注定要被時代狠狠地拋棄，不管或淚或笑或怒或怨，他們都將被遺忘。

青春，挽不住。在一場轟隆轟隆經濟大衰退的巨輪聲中，青春被輾得很碎，也很徹底。家裡父母還攢點錢的孩子，選擇逃避；反正「未來」沒有形狀，很遙遠。家裡供不起的，四處找工作，人生像起風的落葉，到處漂流。每日辛苦打工，工資台幣兩萬五，頂多三萬。從小

他們不想當時代的紀念碑，但時代逼著他們走上不歸路；
永遠回不了頭。圖為倫敦半世紀以來最大二百萬人大罷工。
圖片來源／視覺中國

等候青春，等待長大，迎來的卻是一個完全錯亂的時代。經濟學家以他們一慣老練的口吻不斷修正這場經濟大災難將持續多久；二〇〇八年說三到五年吧！三年過去了，二〇一一年另一個預測數字又來了，還要至少再等另一個三到五年吧！

於是台灣的阿常，每天躲在星巴克，笑臉迎人地為客人製泡一杯又一杯的拿鐵。心情好的時刻，阿常會舉起打得濃濃氣泡的奶泡之壺，杯口繞個兩圈，輕柔地製作一朵美麗的白奶之花；好似期許自己殘弱的生命，至少有那麼一小段時刻，可以撐著白色咖啡杯繡出一點美感。儘管阿常心裡早已預知，沒多會兒，一切都會成為泡影，奶泡之花會沉下去，就像自己的生命，在一個逃不掉的不幸年代，必然下沉。

日子一天一天過了，憂鬱的青春阿常讀著賈伯斯傳，正想好好體悟他人生敗部復活的哲學，總公司的通知已到臨。陽明山國家公園星巴克店營業額除週末外已不符合成本，二〇一一年底，分店將關門，阿常失業了。

等不到秋葉全落光，阿常的奶泡小天地已然轉場。這是二〇〇八年以來，他第二個被開除的工作。他沒有犯什麼錯，每日親切謙虛招待客人，總公司交待的守則沒有一樣不遵守；有一度在諾拉瓊斯慵懶的嗓音「story」歌聲中，他曾以為人生可以就這麼飄來飄去。但這些終究是一陣煙，就在那多愁善感的青春中，狂熱的夢破了，幸福的小天地也守不住了。總公司通知抵達那一天，對面國際飯店的樹葉才開始泛黃，葉子都尚攀得住大樹，為什麼時代之樹連一個小小的生命也撐不起呢？

阿常覺得自己像迷宮中的植物，他活在一個宛若迷宮的年代，沒有人知道真正的出路在何方，在何時；他只能如植物般活著，一動也不動地，接受時代的審判。

地球另一端三十一歲的阿莉琦比阿常大七歲，雅典大學畢業六年了，從來找不到工作。她從小喜愛雅典的一切，衛城的夕陽，地中海的天空；現在天上的星星及夕陽，都已沉入海底，當地平均失業率高升至十六％，一年比一年差。她，沒有選擇，只能收拾行李；就像二戰時所有冒險的先祖移民，離鄉前往美國，義無反顧。她相信雖然自己擁有的很少，至少還有青春。

到了紐約皇后區依親，才發現自己一紙雅典大學醫學院文憑也找不著褓母或護士的工作。她沒有工作簽證，沒有綠卡；那個歡迎世界移民象徵的自由女神還站立港口，但女神臉部雕塑已然斑剝。帶著五百歐元，一口行李；她徒有先祖的勇氣，卻沒有了先祖的運氣。美國早已自顧不暇，當地年輕人失業率高達十七％，她只能偷偷想辦法打黑工。行經華盛頓廣場，有時總會看到那些「占領華爾街」的年輕人；每夜，無論寒冬、凍雪，想辦法以燭火拚出一個圖形「９９％」。

她怕一旁的警察盤詢她，只敢偷瞄一眼。寥寥幾個帳棚，多麼淒苦的吶喊與失落。遠遠地阿莉琦聽到了地球另一端的控訴與眼淚，「我們到過很多公司實習，但要有一份薪水，簡直不可能！」年輕本是一個人生命最大的本錢，現在它的意義等同「無經驗」、「無產值」，青春與空白劃上等號，青春成了詛咒。

美國的青年尚可占領華爾街，阿莉琦還有勇氣提起皮箱往美國打黑工；北京中關村城郊外唐家嶺的小莫，則只能像螞蟻一般，躲在一個崛起中國的首都旁，小心翼翼啃食他的生命。當年他可是村子裡惟一考上重點大學的，一紙清華的文憑當不上胡錦濤也至少應是個前途閃亮的小官員吧。二〇〇九年畢業後，一群與他相同十年寒窗苦讀的清華畢業生，都找不到理想工作，就在這裡窩著。他們不可能屈就當個組裝工人，組裝廠也不會要他；而中關村裡也沒有適合的長期工作。

成長於中國兩百年來最好的八〇年代，打從走進清華庚子賠款成立的校園裡，小莫總是跟著官方媒體日日陶醉「中國崛起」。北京奧運那一天，蔡國強的煙火大腳印，還帶著中國走出居庸關呢！小莫擠在宿舍人群裡看著轉播，煙火燦爛如銀河瀑布，二〇〇八年八月八日那一夜他大三，二十一歲，人生滿是憧憬；一個月後，雷曼兄弟倒閉了！煙火的氣息還來不及消散，北京清華的宿舍裡，已是一片冷清靜謐。聽說明年畢業的人，日子不好過了；等到二〇〇九年輪到自己，一張又一張履歷表寄出，一家又一家打短工，往往一天掙得錢只夠啃兩個大餅加付房租。與希臘阿莉琦不一樣，他沒臉回家。時代的門一關，家鄉的門，也不開了。怎麼回去跟村子裡的人解釋，時代變了。村中父老只會當自己是個偷懶八〇後的痞子；尤其想起當年父親如何當了種田的牛，送他進北京城讀書，怎麼說也該衣錦還鄉啊！

小莫惟一能做的事除了拼命找工作外，就是閒來上微博，抒發憤怒。在那兒，他結交了許多未曾謀面的朋友，共同揭發，共同仇富。

北京街道永遠擠滿了各式各牌豪華車陣，而他堂堂清華大學生卻連一個車內的皮椅也買不起。他曾動過念頭，氣起來時找台豪華房車，人就站在房車前口，擋住它；就這麼辦！如同六四事件那個擋住坦克車的青年，至少青春的肉體是勇敢地、雄壯地、經得起對幹的。但還沒走到高架路上，想起老父的顫抖、老母的眼淚……小莫再咬一口大餅，「我的人生不過是隻螞蟻，一輾就死。」於是苟活吧……像螞蟻般的苟活下去吧。

根據OECD資料，全球主要經濟體自二〇〇七年後，青年失業率皆急速上升。二〇一〇年義大利青年失業率二十七．八%，希臘青年失業率三十二．九%，阿拉伯之春起源地突尼西亞青年失業率四十九%，西班牙現在已逼近這個革命前的數字，青年失業率高達四十一%；中國，沒有統計數字，也沒有官方敢於公佈數字。

於是地球有一大批人，他們的名字叫「年輕人」；當他們踏出成長的起點時，却已抵達了終點。我每次回想歐元主席榮科對他們的擔憂之語，「這些人將成為失落的一代，因為全球經濟復甦可能需要接近十年；屆時，他們已太老，比他們年輕的人將取得新釋出的工作。這一代可能成為永久失業的一代！」這是兩個多月前歐元主席的感慨，榮科的字字句句，打在我的腦海裡，始終揮之不去。現在我只要遇見二十來歲的人，便禁不住多看他們幾眼，常常莫名激動地想走上前去，像一個母親拍拍他們的肩膀。我不敢多問的是：他們知道一場大遺棄，正在自己的生命中展開嗎？他們意識自己的人生，幾乎必然是一場滑坡的旅程嗎？

沒有人知道這場全球式的經濟大災難，何時結束。眾人只能耐心等待，等待，再等待……我們什麼都不能做。因為這是繁華西方製造的災難，東方的臉孔黃色的眼睛，只能垂下眼瞼，靜默的祈福。直到隔了許多許多年之後，這些現下年輕的肉體蒼涼了，青春散盡了，一切才能終止。

而當經濟復甦時，又有多少青春的完整人生，已被徹底耗盡？

除了撰文祝福，寫下一些心虛的激勵之語外，我發現自己竟然什麼也不能做。只想告訴千千萬萬閱讀此文的青年，如果你活得很痛苦，很卑微，像阿常、像阿莉琦、像小莫……不要怪自己，更不要恨自己。錯的絕不是你們，錯的是這個時代。

世界對不起你們。

二〇一一年十一月八日

只剩一座橋

「我要這個世界，並且要它原來的樣子。再一次地要它，永遠地要它。」

九月中旬，美國剛度過不可思議的酷暑。是七十年來未曾見過的颶風吹醒了二〇〇八年沉壓的憤怒？還是百年東岸未曾發生的地震，震醒了命運一直往下沉的青年學子？一群以青年、失業者及中產階級為主的抗議者，在美國開始了「占領華爾街運動」。初期百人，接著週末千人，三週之後，他們躺在被無數詩人曾經歌詠的布魯克林橋上，「東河」（East River）於底下靜靜流過。兩百年前，同樣的東河迎接一波又一波的冒險移民；一百多年前東河在風中上下飄搖，目睹華爾街大樓一一興起，一個偉大帝國驕傲的誕生。打開記憶的盒子，這條東河上的布魯克林橋，行經擁有無數財寶的華爾街巨富；布魯克林橋從來未曾打算迎接這麼一批怪客，失業，絕望，憂鬱。他們是時代的迷羊，一群不可思議的金融泡沫下，生命突然化作塵土的「假活人」；他們雖仍活著，但人生已沒有了出路。

十月，紐約的風已有點刺骨。今年北半球的秋，來得特別突兀，特別冷；空氣中的瞬變，有若迅速凍結的經濟。二〇〇八年瘋狂的變亂，人們已認知那不是一時的災難，要度過沒個七年、十年……大衰退不會結束。一九二九年上一回大蕭條花了美國整整十二年才度過，最終還「勞煩」極端法西斯主義在全球打了一場二次大戰，死了近億人，屍首遍佈美國本土以外的全球每一塊土地，幫助美國驟然接到了驚人的「戰爭訂單」；原本是全球金融叛徒的華爾街，從此復甦；並於戰後再度成了慧星，捧著美元，挽救世界。

布魯克林橋就這麼安安靜靜的見證一段又一段的華爾街歷史。一九二九年大蕭條的時代，橋的北端十月十一日起華爾街指數從三五二點跌至二三〇點，一路跌至一九三二年七月，只剩四十一點，跌掉了九十%市值，前後也因此兩萬一千人跳樓尋死。北端原本因著華爾街興盛的商店，一九二九年時街道一片死寂，空氣中時時泛著死屍的味道。布魯克林橋於一八八三年五月二十四日完成，完成這座曾是世界上最長最美最偉大的吊橋，花了十四年時間，也死了二十七人的性命。站在橋上，夕陽西下，可望向曼哈頓的天際線；近晚時分，海風吹進港口，把薄薄的霧牽開；一顆顆的星星漸漸在橋端頂上天空醒來，漠視橋上發生的一切。

八十年後，一場類似的大衰退，將布魯克林橋從見證者變成搖籃者；那些被金融海嘯拋棄的學子們，以 Facebook 串聯，東河水面的河風，搖著布魯克林橋，像母親的手，輕撫著這群無辜受傷的青年。還有工作的卡車司機或上班回家的紐約人，行經時會按個喇叭，告訴橋上的青年，「你們並不孤單」。不時起落的汽車喇叭聲，響遍了橋的兩旁，鼓勵年輕人們，這一回堅持到底，把命運說得分明。

布魯克林橋，像母親的手，輕撫失落的美國青年。
圖片來源／視覺中國

世路的坎坷，很快地把布魯克林橋上的訊息，傳遍美國。於是波士頓、芝加哥、匹茲堡、舊金山、洛杉磯、西雅圖……所謂的美國天堂已破漏掉了一大塊，七個孩子有一個挨餓；每六個家庭有一家活在貧窮線下。金融海嘯之狂風，吹折了青年們的翅膀，一名柏克萊畢業的大學生已兩年找不到合適的工作。他學的是化學工程，卻只能零零星星的在大賣場打工。他告訴彭博社的記者，工資不只撐不了他的生活所需，也還不出就學貸款。他白天在賣場搬貨，晚上於麥當勞打工。他想問時代，更想問上帝，「我犯了什麼錯？」抗爭人潮中與他比鄰而坐的是一名瞎子，他吹著淒涼的口琴，向看不見的世界訴苦。他的殘障福利金因加州政府破產，被刪減了一大半；過去他是一名政府補貼的街頭傑出藝人，現在他常常吹奏一個下午，也不見半個主顧丟幾個銅板給他。一個看得見的青年，看不到未來；一個看不見的瞎子，只能墜入更黑暗的孤獨。

「美國，妳在哪裡？我找不到這樣一個國家！」「美國，妳只屬於華爾街！」紐約有位抗議者引用歌德曾對德國提出的質疑，質問華府的政客們，這個國家到底屬於誰？為什麼一九二九年大蕭條的教訓還不夠，一九九〇年代美國財政部與聯準會可以在華爾街大銀行的遊說下，把大蕭條後一九三三年制定的金融監管一一廢除？國會議員完全坐視？甚至二〇〇八年以納稅人的錢紓困大銀行，卻依然坐視「闖禍者」肥貓們繼續領取高額酬勞？為什麼？為什麼？

「占領華爾街」的抗爭風潮尚未真正撼動華府的良心，他們試圖把罪過推給太平洋另一端，一個與肥貓之罪完全無關的國家：中國。美國參議院十月三日傍晚正式通過《二〇一一年貨幣匯率監督改革法案》，施壓人民幣升值。起草法案的參議員舒默引用二〇〇八年諾貝爾經濟學獎得主克魯曼於去年發表的數字，由於人民幣被嚴重低估了二十五％至四十％，使中國出口受惠，美國失業劇增。中國人因操控人民幣匯率，共「偷走」了美國至少一百五十萬個工作機會。在紐約、丹佛、波士頓至洛杉磯，「占領華爾街」運動者對華府政客被大銀行收買的指控，華府充耳不聞；「沉默及轉移焦點」是最好的公關手段，這是任何有點經驗的政客都早已習得的入門功課。

與克魯曼同為諾貝爾經濟學獎一九九九年得主孟岱爾對美國參議

院通過的法案則提出批評，美國人從一九七五年以來對世界早已是貿易逆差國，而那時中國還在文革呢！三十六年來，美國國債不斷增加，靠著世界第一軍事強權、美元世界貨幣地位，美國一直以貶值或製造不同名稱的泡沫支撐美國的經濟；三十六年來它曾「欺騙」日本簽下廣場協議，迫使日圓升值，解決八〇年代儲貸危機；接著網路泡沫危機……直至金融大泡沫破裂。美國人已不事生產，過度消費三十六年了；三十六年來貿易逆差的國家名字不斷變動，西德、日本、亞洲四小龍……，中國只是最後一根稻草。倘若美國不願面對它的「逆差真相」，人民幣只要再升值一％，除了中國各大企業可能平均虧損數十萬美元之外，中國銀行也會每年出現五十五．四四億元匯兌損失外，美國也不會找到出路。因為這些在中國活不下去的工廠，會遷至越南、馬來西亞或孟加拉。二百五十萬個工作不管是否真實存在，它也不會流回美國。

美國最新政府公佈失業率為九．一％，全球最大債券公司 PIMCO 執行長則把已放棄求職者一併計入，他認為美國實際失業率接近二十％。這表示「占領華爾街」運動有著相當廣泛的社會基礎。運動的發言人在西雅圖網站上留言，「我們在社會中占了足足九十九%，我們不願再忍受那只占一%美國人的貪婪與腐敗。」

「占領華爾街」會如一九六八年初發生於美國、法國、英國的大規模抗爭一舉改變西方政治嗎？

回顧一九六八年當時的抗爭，結合了反越戰、黑人民權運動與美國工會大罷工，共一千萬人走上街頭，不是今日的千人，或萬人規模。一九六八年美法等國整個社會幾乎到達了革命攤牌的邊緣；它是二十世紀戰後近代史上最波瀾壯闊的運動。風起雲湧之時，血腥也遍地，一九六八年四月三日民權和平運動領袖金恩博士在曼非斯被射殺；六月五日悲劇重演，羅伯甘迺迪參議員於加州參與初選，當場被射殺。金恩「我有一個夢」與美國的「非理性暴力」把整個國家包圍起來了。美國被集體的無意識幽靈般纏繞，年輕學子當時有工作但不願上戰場打越戰，發表了著名的「野草莓宣言」，一九六八年的叛逆徹底改變了美國的深層文化。

「The Whole World is Watching」（世界都在注視著我們）。一九六八成了一個美國歷史的分水嶺，暴力與和平，搖滾與吸毒，嬉皮與流浪……在鎮暴警察的催淚瓦斯中蔓延，也在如聖殿般的搖滾大會「Woodstock」中渲染。「飄在風中，一個男人得走過多少路，才能被稱之男子漢，一隻白鴿得飛越多少海洋，才能安睡於沙灘。加農砲還得發射多少回，才能永久被禁止。朋友們，答案，就飄於風中，飄在茫茫的風裡。」「一個人得仰望多少次，才能看的到藍天，一個人得有多少雙耳朵，才能聽見人們哭泣；還得多少的死亡，他們才能明白，已有太多人喪生，……答案就飄在茫茫的風中。」

這是一九六八年的聖歌，「Blowing in the Wind」，最著名的演唱者鮑伯·迪倫現在年已七十歲。前些時刻來台，風霜的臉，沒有了昔日的迷惑；他已是美國一%的富有者，人生感受距離「占領華爾街」的失業青年，太遠了。

與一九六八年的狂飆時代相比，二〇一一年美國社會有著更深的裂痕，更多的不公；但這並不代表「占領華爾街」運動可以捲起相同的風潮。現在的美國沒有金恩，沒有鮑伯．迪倫，沒有瓊．拜雅，沒有領導運動的「七君子」，沒有具備社會意見影響力的文學家或社會學家。那些當年的革命世代都老了，年輕的世代玩「卡卡」、「Twitter」、「Facebook」……憤怒雖在美國蔓延著，但沒有一首聖歌，沒有一首代表他們的詩為偉大的使命歌詠，號召更多人參與；以致當他們躺在布魯克林橋上，七百人被逮捕時，他們只像被時代拋棄的棄兒。嚴格而言，他們的人生已死在二〇〇八雷曼倒閉的瞬間；活著，只是一口氣的拖延。美國子民的回憶過去燦爛如鑽石，如今毀敗如鏽鐵。

布魯克林橋上仍有青年們堅守著。但寒冬已近，落葉開始飄蕩；他們在破敗的人生中，只能繼續等待，等著落雪，沾滿他們的髮際，最終凍僵他們的身軀，也凍僵了美國人集體的良心；然後被迫撤退。

二〇一一年十月五日

失落的一代

我無法給讀者全貌；因為連英國媒體也找不到答案。

英國廣播公司引述倫敦八月六日起的暴動景象，有若電玩閃電戰；部份地區讓活過二次大戰的老人回憶起德軍轟炸的景象。在伯明罕十五名年輕人砸破藥店，有人試圖保衛其他商店，一台瘋狂的車子向著身無寸鐵的義務保衛者衝過來，先輾死了一人，再倒車，徹底輾碎死者的頭顱，再衝一回；這一次「復仇之車」成功地撞死了兩人；任務達成。

倫敦有太多傑出的歷史學者、社會學家，本來可以告訴我們這一場持續一整週，從倫敦四面八方，燒向利物浦、伯明罕、曼撤斯特……整整八天的暴動為何發生？然而他們內心蘊藏了太多深刻的悲傷，一下子答不出來。

一場沒有目的的暴動，英國年輕人不在乎毀掉自己的人生，反正這個淪喪的國家已經把他們毀了！
圖片來源／視覺中國

首相卡麥隆從義大利一回國，下令警方動手抓人。卡麥隆認為警方太晚動手抓人，是全英動亂的主因；但這顯然不會是歷史學家可以接受的答案。被逮捕的多為年輕人，不分膚色，不分族裔，甚至不只為了貧窮。他們有人是大學畢業生，有人為大學助理教授，有繪圖工程師。英國政府發言人憤怒的表示，這群年輕人濫用英國的民主，他們並非受歧視的邊緣族裔，許多人仍有收入，或領政府津貼。英國官方的總結：年輕，就是要亂，問題出在教養。

英國首相前顧問丹尼·克魯格則提供我們另一個視野。他先看著倫敦火光沖天，接著親眼目睹伯明罕車子故意撞死人的「手機上傳」畫面，憤怒地一一紀錄這群「孩子們」驚動英倫史的對話過程。

先是八月七日下午，一條短信在黑莓手機流傳，「所有北部兄弟們，下午四點恩菲爾德（Enfield）車站集合。」短信寫道：「不管你來自何方，蒙上臉來這裡集合。我們一起搞破壞，看什麼，搶什麼。」

接著八月九日，一則「戰果」發表於推特上，暴徒襲擊了諾丁丘

（Notting Hill）最昂貴餐廳。即使電視台一旁採訪，一名婦人公然自某家商店搬搶一台電視，並宣稱：「我只是拿回我交的稅。」

於是英倫之霧（London Fog），舉世聞名的迷霧，更阻擋世人對這場騷動的理解。它不全然是郊區失業率暴動，它不全然是黑人或土耳其後裔引發的騷亂，它在英國市中心、貧窮區、富人區……盡情全面的破壞。

丹尼．克魯格目前擔任英國預防犯罪慈善組織 Only Connect 執行長，他結語這場不可思議的暴動：「我們」寬容「他們」，但「他們」對他人只是以盡可能的方式證明自己的可恥。他們並不在乎毀掉自己的人生，反正這個淪落的國家已經把他們毀了！

BBC 訪問一名參與暴動的大學生，去年十一月他與數萬名牛津大學生上街抗議政府調整學費三倍，遊行大致和平落幕。他坦白的告訴 BBC，我們和平示威，然後國會平靜地把我們徹底出賣。「只有暴力，才足以震醒那些自以為是的上流人士。」

英國大學原學費每年約為三千英鎊（台幣十四萬元），二〇一〇年十二月九日國會以三二三票對三〇二票通過大學學費調漲案，從此漲至九千英鎊（約四十二萬台幣）。當天三萬名學生已預告了此次八個月後的暴力演出；隨著國會表決出爐，學生開始丟棍棒、縱火，並焚燒原本過兩週後為眾人祈福的國會場外大聖誕樹。

支離破碎的英國給了許多人沉思，英國的社會福利、公租屋、貧困照顧，在全球幾乎首屈一指。但福利金代替不了親情，公部門冷冰冰的社會服務取代不了日漸西落的經濟大環境。已被迫卸任的國際貨幣基金會（IMF）前總裁卡恩，今年四月出席財長會議時曾深刻地感慨二〇〇八年金融海嘯後年輕的一代，他很擔心這些人如今的失業，將是永久的失業。因為這場七十年一遇的大衰退，歐洲至少十年以上才能恢復；而屆時他們又已太老了，有人可能永久失業。卡恩用了一句悲傷的字眼形容他們：「失落的一代。」

如今失落的一代轉為「憤怒的一代」，時代把他們壓得扁扁的，於是去他的教養，去他的牛津；人性中的愛，徹底地被恨取代。

發狂，或者用官方的字眼「可恥的騷動」，帶領他們前往一個沒有目標、沒有目的地的地方。隊伍在推特召喚下前進，希望早已被擱置於比星辰更遙遠的國度。

英倫憤怒的靈魂如今或許已然疲憊，這幾天倫敦漸漸安靜了；但相同的怒吼聲正在其他國度智利、以色列街頭……一一上演。

二〇一一年八月十二日

殘缺與完美——賈伯斯的時光長卷

殘缺，使人生變得更美好；正如蘋果公司（Apple）的 Logo，缺了一角，反而出色不凡。

賈伯斯生前惟一口述的自傳「賈伯斯傳」二〇一一年十月二十四日全球上市，書商當天中午立即快遞一本至我家。我以悸動的心，快速地於兩個半小時內，閱讀完第一次，全書七百七十五頁。每讀到人生帶給他殘缺時痛苦及美好交錯的記憶，我即於書頁上摺一個小角。這一頁的紙已勿須躺平，它本來不是為了描述一個平順無聊的故事，它被特別地摺疊，像我對一位陌生人摺疊著我的愛與敬意。其他平坦的紙頁，只是敘述賈伯斯如何成立他的夢幻工作室，與迪士尼如何交涉談判，並賺了大錢。那些賈伯斯的事，我們皆已太耳熟能詳，而且我也不感興趣。

我相信賈伯斯終其一生不過也僅以「科技」為名，目的是為了完成他人生狂想的譜曲。他在乎的是「Think different」，瘋狂、與眾不同、脫軌，然後讓世界「向前邁進」。

這一名天才，從他生父母的精子與卵子結合那一刻起，已註定人生被迫走上脫軌，因為「正軌」不會賜予這名孩子「人性化」的成長過程。賈伯斯生於一九五五年，比二〇〇一年九一一事件早了四十六年。過去我們僅知道他是一名被遺棄的嬰兒，但傳記中第一回道出他的父親不只是敘利亞人，而且是一名擁有好幾座煉油廠商業大亨的兒子。賈伯斯口中「只是一名提供精子」的生父家族，不只是當地的望族，甚至勢力龐大至可以操縱當地小麥價格，在敘利亞擁有大片土地。賈伯斯生父母相遇之處是美國保守又開放的威斯康辛大學，那裡的校園如麥迪遜（Madison）是自由派大本營，但出了大學則是天主教共和黨的保守派地盤。賈伯斯的生母愛上了回教徒的助教，而她卻是一個嚴格天主教家庭的女孩。不過二十三歲，天主教女孩懷了回教徒的兒子，這兩個至今糾纏不斷掀起宗教戰爭的教派，卻在賈伯斯母親的子宮內，既幸也不幸，共同孕育了一個日後人們才知道傳世天才的小生命。從天主教卵子與回教精子結合的那一剎那，註定了賈伯斯的一生，他必然得被生下來，因為天主教不允許墮胎；然後他必然得被遺棄。一個命中註定的殘缺，一個命中註定他日後成長過程得比別人更多探究內心的人生功課，識破牢不可破的宗教信仰……打從出生那一刻起，成為了孤兒，他即得一步一步地克服這一切，直至「Think different」。

於是賈伯斯像上天賜予人類的禮物，管上天叫阿拉、基督、瑪麗亞、佛祖、或禪道……，上天給了我們一名天才，讓他先被遺棄，從一個富有上流社會的精子卵子身體外被丟棄，然後再由兩名安貧樂道且充滿愛的工人藍領家庭父母收養了他。

在他六、七歲時，有一天對門的女孩與他聊天，賈伯斯告訴女孩自己被領養的事實。女孩問：「所以說，你真正的爸爸媽媽不要你了？」賈伯斯當場哭著跑回家，而他那連高中文憑都沒有且清苦的父母，卻如真正的上帝使者般很認真、嚴肅、盯著他，然後一字一字慢慢地說，重複了許多次：「不是這樣的……你是我們特別挑選的寶貝。」

遺棄與寵愛織網了賈伯斯的一生。他幸運地被道德崇高的工人家庭收養，並繼承了他藍領階級的父親的品德。他曾說自己的養父，年輕時帥如詹姆斯迪恩，喜歡修汽車，每件事總想辦法做到盡善盡美，連許多沒人發現的細節，也沒放過。養父雖是一個窮光蛋，賈伯斯在傳記中告訴作者華特·艾薩克森（Walter Isaacson），「我一生以父親為傲；因為他不會為了成交生意而花言巧語，或低聲下氣巴結客戶，當個馬屁精。」賈伯斯非常憤怒一般庸俗的見解，以為他拼命工作，只是想扳回一城，讓拋棄他的父母後悔。他說：「或許領養的身份，使我變得比別人獨立，覺得自己與眾不同；但我的養父母百分之一千才是我的父母，我父母寵愛我讓我始終覺得自己是一個最特別的孩子。」

寵愛，使賈伯斯自信；遺棄，使他獨立。原生父母給了他天才的基因，養育的父母包容他、縱容他、相信他、甚至崇拜他，任由他的人生一路闖禍、冒險、追尋；……然後，世人才擁有了這位奇才。賈伯斯的養父給他的身教深深影響他日後創業的態度；傳記中他自述不向生產鏈的廠商砍價，他永遠在意的是生產者能不能提供完美的工藝產品。他創業後，不投資金融商品，不炒股票，不買噴射機，他雖熱愛某些不算便宜的設計產品，如保時捷、雙人牌刀具、百靈牌咖啡機、BMW 機車、亞當斯（Ansel Adams）黑白攝影作品、貝森朵夫鋼琴與頂級音響 Bang & Olufsen……但這些與他的財富並不成比例。除了這些花錢的嗜好外，他住的房子沒有太多裝飾，以致甲骨文執行長到他家作客，在賈伯斯兒子眼中，「那是一名比爸爸有錢多了的叔叔。」蘋果上市三十年後，賈伯斯回憶人生擁有第一個億美元在手時，自己的心情，「我永遠不會忘記，我生長於中產階級的家庭。……我看到蘋果公司的一些人賺了大錢，開始買勞斯萊斯與好幾棟豪宅。……這不是我要的生活，我對自己承諾：絕不讓金錢破壞我的人生。」

絕不讓金錢破壞人生，他相信過多的物質欲望會腐蝕人生的靈魂。他真正的榜樣不是巴菲特、比爾蓋茲，而是窮光蛋的養父，人生只力求產品完美；他把多數的精力全投注於產品不斷向前邁進，日新月異。他不關心股價，只在乎作品是否足夠改變世界。

賈伯斯傳首度透露他自二〇〇八年初，癌症已轉移，每日靠注射嗎啡止痛。但同一時間他一一推出**iPhone2, 3, 4, 4S**，以及改變世界的**iPad**。當年賈伯斯重回蘋果時，親自撰寫廣告文字，並挑選「向瘋狂人士致敬」的代表人物。其中之一是鮑伯．狄倫，但鮑伯呼喚賈伯斯的不僅是六〇年代他如歌神的身影，而是六〇年代末期鮑伯重登舞台彈奏電吉他的勇氣。鮑伯頭也不回地上了舞台，帶著「**The Band**」，彈起無人熟悉的電吉他，觀眾席噓聲不斷，這不是他們要的「吉他之神」。但鮑伯頭也不回，告訴樂團：「他媽的我們繼續演奏」。賈伯斯相信人的一生就是那麼幾頁，他不會向停留腳步的人致敬，只會向「不斷向前邁進的瘋狂人士致敬。因為只有那些瘋狂到以為自己能改變世界的人……才能真正改變世界。」

這是一個不往後看，不回顧的人，以致他活了僅僅五十六歲，卻好似改變了半個地球。

賈伯斯被他創辦的公司開除了，同時被他自己引進的夥伴背叛了；他不是聖人，不可能沒有憤怒。但即使懷抱怨怒，他熱烈的靈魂又讓他投入皮克斯（Pixar），人生另一趟意外的旅程。這一場與動畫公司的邂逅，不只填補了他再回蘋果十二年間的空缺，幫他賺了千億美元；更幫助他創新 ipad 時，提供絕棒的點子 Appstore。他設計了一個平台，讓全球看不見、或搖搖欲墜如皮克斯般的天才動畫小子們，找到夢想平台，在那裡創業、在那裡與全球競爭創意；而這間接使得 iPhone 與 iPad 在同型的平板電腦及智慧型手機中，一枝獨秀。

傳記尾聲，賈伯斯的人生走到末了；他不再聆聽年少時約翰藍儂的音樂，那一首始終伴隨他長大的歌曲「母親」，「母親，你生下我，但我卻從未擁有過妳，……父親，你離開我，但我卻從未離開你。……再見、再見，孩子，不要踏上我的後塵……我走不動，而我試著逃……所以我只要告訴你，再見、再見。」他的孤獨心靈，始終伴隨著他，他曾流浪至印度，刻意學習最清貧的人生；他曾逃至日本以徘句向禪宗大師習道，參悟人生心靈之苦；他與約翰藍儂倆個命運相同被遺忘的孩子，先後均加入佛洛伊德原始吶喊派心理治療，喊出他的悲憤，喊出他被遺棄之痛，喊出他人生再度遭受的背叛，也喊出他罹癌之苦。

直到一切走到末了，他無力吶喊，也沒有必要再吶喊。傳記中他向自己二十三歲時步上他的後塵，遭他遺棄的私生女懺悔，向養育他的父母細數後悔自己不夠體貼的點點滴滴。

他渴望來生，至少他冀望人生熾熱的信念，可以綿延不絕。一天熬過一天，賈伯斯不捨每一個消逝的晝夜，愈近人生終曲，他愈惦記養父賜予他的完美精神。他工作至死前最後一天，即使體力早已不支，經常受不住莫名冷地全身發抖。此刻的他終於遺忘了遺棄，記起了殘缺外遺留的完美。

時光漸漸收起，終於一切成了昨日。十月五日，他停止了呼吸；十月二十四日，他的人生被大部分坦白且詳實地記錄，成為地球上最暢銷的書。賈伯斯已死，懷念他的人卻遲遲不肯離開，於是半個地球，每一家書店均大排長龍，世界終於跨越了教派，此刻只渴望追尋一個傳奇人物生命的軌跡。

在殘缺中，世界與他再次深深擁抱。

在殘缺中，世界因他而更完美。

在殘缺中，他的生命因此超越了同輩所有的人，成了一個二十一世紀人類不會遺忘的故事。

而這一切，均得從一九五五年二月二十四日，某一個孤兒的誕生說起。

二〇一一年十月二十六日

在殘缺中，世界因他而更完美。
圖片來源／視覺中國

我們是否逃不過二次衰退？

愈來愈多的經濟學家相信，我們將走向二次衰退；最快時間點二○一二年，也就是明年。

經由二○○九年G20大會，各國祭出刺激方案，全球央行一致降息……，總計兩年半的奮戰，我們不但尚未走出死蔭的經濟衰退幽谷；而且，一切跡象顯示，正有一股每人皆已意識的拉力，將全球拖向不可避免的二次大衰退。

可悲的是，眾人皆無能為力。

讓我們先復習一堂經濟史的課程，什麼是二次衰退？一九二九年十一月華爾街大崩盤，美國失業率高達二十五％，德國四十四％。一九三三年美國總統小羅斯福上台，當時的他已罹患小兒麻痺症，年方四十九歲；却得挽救一場人類史上最可怕的經濟危機。就職當天，他一拐一拐地自己走上舞台，不要旁人扶持。小羅斯福歷史性地發表「新政」措施的演講，透過剛發明的收音機，肢體殘廢的總統，以不屈不撓的聲音，鼓舞精神上已然真正殘廢癱瘓的美國社會。一九三三年至一九三七年，小羅斯福第一任四年新政期間，失業率自二十五％降至十四％，GDP增長超過九％。小羅斯福的聲望在連任時達到高峰；但共和黨為了搶回政權，發表大選政綱：「美國財政正處於危急之秋」；民主黨內也出現路線分歧。天真的國會以為美國已度過大蕭條，該把市場還給自由經濟；於是自一九三六年至一九三七年，美國國會一連串否決了羅斯福的新政策。他們一致認定美國國債及財政支出已攀登天文數字，美國必須緊縮財政並降低預算赤字。除了聯準會三度調高存準率收緊銀根外，國會還發瘋地開徵社會保險稅……。一連串錯誤的措施使美國失業率不到半年內再激增回十九％，華爾街一九三七年底二度大崩盤，一九三八年全球一切增長率先停滯，再全面崩滑。

造成當年二次衰退的理由主因美國的民粹政治。雖然前四年的新政已使失業率大降，但仍有九百萬美國人流浪街頭，他們搭帳篷，領救濟金，四年來天天拿著一只盆子排隊領食物；九百萬人過著形同乞丐的日子。這種情景使美國人喪失、也動搖了他們對「新政」的信心。

於是正統的自由經濟理論又冒出頭來，「平衡預算」成了華府如雷貫耳的口號。英國著名的經濟泰斗凱恩斯在當時已意識世界將重回危險之路，一九三六年他出版《一般理論》之經典書籍後，他的名字已被華府蓋上了「激進份子」的印章。凱恩斯一生只和羅斯福見了一次面，兩人不歡而散。小羅斯福評價他「不過是個數學家」，凱恩斯則譏評羅斯福事實上不懂經濟。但凱恩斯不忍心眼睜睜看著世界就這麼犯錯再崩垮，他把重點放在哈佛大學，遊說一批每週從波士頓至華府參與決策的學者。可惜華府的態度始終勉強且不情願，當一九三七年復甦慢慢上了軌道時，美國集體民意開始回到自己的成見。一九三六年至一九三七年美國國會為迎合大眾意見，開始大刪預算，緊縮貨幣；果然年尾「平衡預算」做到了。但不幸地，隨之而來年底華爾街即大崩盤。新的蕭條現象如鬼魅般重現舞台，美國的民粹與民主機制，不只毀掉了好不容易復甦的經濟，也間接促使大西洋彼岸的希特勒從侵占維也納後，一九三九年入侵波蘭，二次世界大戰揭開序幕。

一九三七年的二次衰退，教導我們一堂寶貴的功課。如果民主體制的前提是把國家的政策大權交給大眾，而多數公民並沒有興趣或能力理解深奧且長遠的經濟理論；民主的品質與選舉的出現，往往是解決大蕭條的魔咒。一九三六年至一九三七年若非是美國選舉年，華府政客不會發瘋地轉向迎合「削減赤字」的民粹意見。

無論我們如何篤信民主仍是人類至今最好的治理機制，但我們必須理性且痛苦地承認，當經濟治理碰上了選舉，努力往往會功虧一簣。

現今正在歐洲上演的債務危機，可能正是另一個「複製的一九三七」。

愛琴海豎立著許多潔白且巨大的石柱，它們是西元前五世紀的遺跡了。雅典的元老院曾被稱之西方民主的搖籃祖國，但如今它只代表著疲憊、慵懶、木然與毫不負責任的債台高築發源地。當年風塵僕僕行路奔波的歷史哲學家，如今不見蹤影。就在歐盟決定短期紓困希臘到期債務一百二十億歐元時，法國世界報的頭條這麼寫著：「希臘人民不願更節約，他們仍堅持每日九時上班，下午二時下班。」歐盟已有數個國家包括丹麥、芬蘭……紛紛崛起重大政治勢力，表白不紓困希臘等國；德法兩大國最新民調也顯示近七十％德國民眾反對紓困希臘，法國稍低約四十％。但只要稍具理性的人，仔細閱讀希臘國債違約後果，即知這種民粹反感導引的方向，將是多麼可怕的災難。希臘國債國內僅持有其債券三分之一；希臘若倒債，希臘銀行勢必崩潰之外，其他三分之二國債其實早飄出地中海，分散法德美三國。根據國際貨幣基金組織（IMF）最新數字，德法銀行共持有希臘國債五十五％，比希臘本國銀行數額還大。德國三百三十九億美元，法國五百六十七億美元，美國也分承了四百一十億美元。法國三家大銀行，可能因此受牽連而破產，它們分別是法國最大的銀行巴黎銀行、興業銀行與法國農業信貸銀行。希臘債務共一千一百億歐元，總數與破產的美國加州差不多，但德國總理面對的是正如一九三七年美國政客的困境，德國總理梅克爾深知不紓困希臘，全球將再度陷入二度衰退，且傳染性可怕而驚人。但她的執政黨已一連串輸掉了好幾場地方選舉，當七十%的德國民眾皆反對紓困希臘，她若依專業一次撥款解決希臘危機，她可能立即面臨倒閣危機。在長遠穩定的歐元經濟與政權倒台危機兩個選項，梅克爾當然選擇保住政權，於是只好每次拖至最後關頭，希債快違約了，才點頭，一次擠一點；一次再擠一點。於是處理危機的成本愈來愈擴大，全球的風險也愈來愈升高。二〇〇八年諾貝爾經濟學獎得主克魯曼忍不住上電視破口大罵，「歐洲官員對希臘危機的反應真是蔚為奇觀」；美國聯準會前理事長葛林斯班也斷言希臘必定違約，而且將拖垮美國經濟，陷入二次衰退。

一切能避免嗎？我只能預言德國總理或法國總統，面對排山倒海反紓困的民意聲浪，愈靠近選舉，決策的專業會愈少。

不幸的是二〇一二年，世界正有一連串的選舉排隊等著我們，而且可能一一闖禍。二〇一二年四月法國將舉行第一輪總統大選，薩科奇目前受左派勢力夾攻，民調嚴重落後。他有什麼理由悲天憫人，不為自己而為歐元區著想呢？二〇一二年十月及十一月還有兩個世界超級大國接續選舉，一是十一月美國總統大選，一是十月中國式間接選舉，習近平要接班，中國得選出新的政治局常委。兩者皆可能導引領袖們，在世界的困頓與自己的權位中掙扎做決策。尤其二〇一二年德國政局若有什麼差錯，梅克爾提前解散國會進行大選，我們只能唱著「Prayer」的祈禱文，祝福貧困受苦的全球經濟了。

歐債陷入複雜糾結的政治經濟危機，最大的困境及風險年，都在二〇一二。

地中海，如昔平靜無波浪，千年蔚藍又永恆。但那裡正有一股看不見的風暴成形；當它襲捲世界時，它的威力將超越宮城大海嘯，世間無人能倖免。

即使我們早已預知。

二〇一一年六月二十一日

地中海，如昔平靜無波浪，千年蔚藍又永恆。
但那裡正有一股看不見的風暴成形。
圖片來源／視覺中國

歐洲恐怖片上演！

緊綁你的安全帶，準備好了嗎？一部全新3D的恐怖片即將開演，而且我們每個人都被迫得身歷其境；不管你想不想買票走入這家電影院。

歐洲的債務危機，如今已不是一場金融危機，而是博奕遊戲的恐怖片。蒙地卡羅的賭場放大了數億倍，內景沒有豪華，沒有氣派，只有蕭條與歐洲難以置信的破落。主要賭家包含希臘、義大利、德國與歐洲央行，他們不是教父，也非愛哭的老大；他們與市場上跑三點半的窘境債務人差別很小，只是他們的身份名稱或為總理或為央行行長。法國、芬蘭、荷蘭等國在恐怖賭場上只是牌桌旁走來走去焦急的陪賭客，其中最焦慮的賭客是法國，它的三大銀行法國巴黎銀行、法國興業銀行與農業信貸銀行持有接近二分之一希臘主權債務。這一年下來，三家銀行股價已跌幅五十％至六十％；希臘只要宣佈破產正式違約，這三大銀行中至少有兩家將走上雷曼兄弟的路子。

希臘如今已是掙脫不了的夸父，飛不起來的海神。每一次太陽的升落輪迴，從曙至暮，都在增加它的債務重擔。九月它的債務數字是GDP總值的一七二%，今年底預測很快債務將達到經濟總產值GDP的二〇〇%。

抬不起來的頭，垂首無法昂起的臉，在希臘街上任何一個角落、一隅，皆無可不免的進行著。美麗的米諾克斯島現在仍有遊客，他們不是來觀光的，踏著劫難之路他們是前來買房的國外投資客。地中海的風，十月已吹起，水波瀲灧島嶼海灘，美若仙境一棟面積約三千二百二十九平方公尺的臨海無邊際游泳池別墅，目前掛牌價僅一百八十萬美元，等於五千四百萬台幣，不到台北市青田街的一層樓房。一棟名為「寧靜」的別墅，半年前還掛價二百三十萬美元，如今已下降二十八%。「寧靜」之屋，蒼松環繞，占地兩英畝，還有一條長長的，如電影中美麗的海岸線。陽光燦照，寧靜無語，蒼松在淀藍的地中海中，掉入滿眼的藍；就像希臘，在奇景般的歷史遺跡中，呼望無救，即將沉落。

賭桌上希臘下了一場震撼歐洲的豪賭，它已無力承受懲罰性的緊縮方案，於是十月底政府高層透過媒體丟出希臘出路的選項之一：公投退出歐元區。希臘一旦交付公投，結果可以預見，民眾不會願意承擔七年前作假帳加入歐元區的貪官所留下的爛攤子，他們寧可選擇冰島之路，退出歐元區，宣告破產，讓幣值大貶，讓占七十四%的觀光業從此可以低價格起死回升。希臘街頭，目前每三個成人有一個人失業，每一棟房屋皆貶值二十%至五十%。無須再警告希臘「赤字之洞」有多深，在深不可測的黑洞裡，希臘若交付公投，它的命運可立即向西轉，轉向當年可以看星星，望衛城夕陽的世界。希臘如今已是一名站在歐元夢幻邊境的逃離者，過去他們盜走了珍珠，如今他們準備撒手，撤出歐元區，把太龐大也扛不起的希臘主權債務留給法國、德國。

希臘的公投測溫計，馬上引來恐怖賭桌上歐洲領袖的恐慌。當希臘決定成為歐元區的「叛徒」時，也就是法國、德國幾家大銀行倒閉時刻。法國巴黎銀行首當其衝，這十年來它陸陸續續買下驚人金額的

法國巴黎鐵塔，風華依舊，危機卻層層環繞。
圖片來源／鄒世烈

希臘主權債務，裡頭有公開發行的國債，更有高盛、瑞士信貸銀行二○○三年前幫希臘作假帳將希債包成ＣＤＯ的衍生性金融商品。法國巴黎銀行是法國第一大銀行，歐洲第四大銀行，它創設於一八六○年，接近英法聯軍火燒圓明園的年代。它的實質股本兩百億，總產值四千多億歐元，但它買下的希臘產品足以造成全球八十三個國家，六十家分行同時發生擠兌風潮。法國政府不可能坐視一場比雷曼兄弟更大的災難發生，最佳選擇當然是盡可能避免災難發生；但若災難不幸發生，法國毫無選擇只好出手再救大銀行；重覆二○○八年的老路。

於是市場上兩週前起，歐洲央行成了黃金最大賣家。法國從一九六五年，在戴高樂帶領下，早已是世界上最不相信美元的國家之一；在希臘可能違約的前夕，歐洲央行開始拋售儲藏的黃金，使黃金履創一千九百美元一盎司新高價位後，一路至九月二十六日跌至一千六百三十九美元，跌近三百美元。歐洲央行賣黃金，為的就是籌錢必要時救大銀行。

希臘退出歐元區另一個賭桌上慌張的國家是德國，也是此次歐債危機中最大的莊家。希臘退出，不只是德意志銀行也將落入法國巴黎銀行的下場，其他南歐負債國若一一跟進，成了風潮，歐元區半世紀終於成型的努力，可能一夕之前全然崩解。於是一改過往的漸進搖擺風格，九月底G20財長會上德國財長第一次表示歐元紓困基金需至少擴大至兩兆歐元，加上IMF籌資一兆，共三兆銀彈穩住市場的信心。

希臘公投之劍，頂住了長期貨幣被低估的德國咽喉；沒有了歐元，德國回到馬克時代，幣值可能驟升六十％，達到一馬克兌二美元的實質高價位。屆時德國十年來世界首屈一指的強勁出口，不只完了，德國也逃不掉日本人的後路，成了另一個「消失十年」的國家。

於是滅火希臘，把歐洲金融穩定基金（EFSF）先擴充至四千四百億歐元，再利用槓桿化方法將規模擴張至一兆歐元；這一項方案，把原本的恐怖片，瞬間轉成了喜劇片。但它是恐怖的結束？或僅僅是暴風雨前夕的寧靜？其答案繫於德國議會的一念之間。依照德國憲法法庭最新裁判，此方案不是行政單位說了算，需經德國議會批准。時間本訂於九月二十二日表決，總理梅克爾沒把握，將投票日延至九月二十九日。離我書寫此文，仍有兩個晝夜，四十八小時。

回憶二〇〇八年當雷曼兄弟倒閉後美國紓困方案的決策過程，參院調查報告近日已全數公開。當時伯南克與財政部長保爾森向美國總統小布希國會領袖報告，「美國只有一家銀行不會倒閉，而且它的名字不叫高盛。」現場一片沉默，除了沉重的呼吸聲，靜悄悄持續五分鐘。眾議院議長數分鐘後先開口問保爾森，「我們需要多少錢？」保爾森答：「至少七千億美元。」一向照顧弱勢的女議長波拉奇當場飆淚，丟下手中數千頁沒人看得懂的CDO導致金融海嘯的報告，破口大罵：「你們這群華爾街混蛋。」保爾森本人擔任財相前，正是高盛全球最大投資銀行的CEO。

結果二〇〇八年九月二十九日，美國眾議院以二二八票支持，二〇五票反對，一票棄權，沒過門檻否決了七千億美元紓困方案。美國道瓊指數當日大跌七七七．六八點，跌幅六．九八％，創下歷史紀錄。然後歷經四天，全球股市皆日日無量崩盤，美國各大銀行充斥擠兌領

法國的三大銀行法國巴黎銀行、法國興業銀行與農業信貸銀行持有接近二分之一希臘主權債務。

圖片來源／達志影像

款人潮，經濟陷於崩垮懸崖邊界，十月三日國會進行第二次投票，才通過了紓困方案。

因此今年九月二十九日，不是諾曼地登陸日；它是這場恐怖片的D-day。過了，我們可以持續經濟停滯但安穩的生活；若德國議會決定不通過此案，世界必將陷入比雷曼倒閉更大的風暴。它不是二次衰退，不是一九三七年發生於美國的二次探底；它將是全球金融體系人類經濟史上，最大的崩垮！

一場灰茫茫的天網正向我們靠近，沒有一個地球上的觀眾可以逃離。「無所遺漏」，就像暮色觀看者，一旁的人才口說夕陽要西沉了，天地往往忽然一下變色，夜就來了。屏住呼吸，地球另一端勤奮的亞洲子民，歷經十九世紀歐洲掠奪殖民，二十世紀苦苦追趕；最終我們仍逃不出西方的魔掌。一旦歐洲金融崩潰之火燒起，亞洲人除了詫異驚慌的眼神外，什麼也不能做。

只能苦苦、默默地承受。當歐洲金融風暴鐘聲響起時，它捎來的不是教堂天主的祝福，而是世界的摧毀。

包括台灣；甚至中國。

二〇一一年九月二十八日

天剛黑

天剛黑，希臘憲法廣場前抗爭的人群，尚未散去。這裡太陽下得晚，八點夕陽仍掛半空中。橘紅的火球，有若一面古老的銅鏡，照著憲法廣場前黑壓壓的抗爭群眾；人群中有老人，有青年，也有婦女。希臘債務危機被美國華爾街取名豬群四國，「PIGS」之首。G，西洋古文明最早出現的字母之一，如今代表希臘，代表破產，也代表全球二次衰退可能的禍源。

眾聲喧譁，無論全球的交易市場或雅典憲法廣場，皆緊盯著這個古老國度未來的每一個步驟。IMF與歐盟此次同意再出手救希臘，提出嚴苛的先決條件，希臘必須通過至少二百八十億歐元緊縮方案與加稅；另外賣出五百億歐元國營資產。二百八十億歐元是什麼意思？希臘政府公務機關至少得裁員百分之十，民眾退休老年金全數凍結；仍有工作者加稅至接近百分之三十，各家庭將進入半活不死狀態。希臘悲劇故事走至今日，終於以勿須舞台劇或神話的形式現實登場。

二〇〇四年希臘以作假帳的方式加入了歐元區，二〇〇八年新政府政黨輪替上台後，此事才被掀上檯面。二〇〇八那一年，我們學會了很多事；國家會破產（冰島），美國會賣有毒金融產品（連動債券），政府會作假帳（希臘）。

掀開希臘的真實帳面，舉債，隱藏；GDP，灌水；赤字，挪移。希臘的民主，成了赤裸裸的謊言。愛琴海邊充滿古老史事的國度，所有源遠流長的文明，皆已化為廢墟遺址。守護神雅典娜，太陽神廟阿波羅，一個殘破地望著海，一個孤寂地環著山。西元前五世紀希臘三大劇作家之一詩人埃斯庫羅（Aeschylus）記述波斯入侵希臘的戰役：「奮起吧，希臘子弟們，你們的妻小，你們的廟宇、祖墳，所有一切都要落入敵人之手了。」振奮軍心的呼喊，那一役，希臘人在阿波羅神廟請求神諭，把波斯王薩西斯率領的軍隊戰艦騙入狹窄海峽；勝仗之後，環繞薩拉米斯的海峽，四處流散戰爭遺物、毀棄的船隻，與波斯士兵的屍體。

希臘人還能再祈求神諭，打一場不可能戰勝的戰爭嗎？二千六百年前降下神諭的阿波羅神廟早已消失十六個世紀！西元六世紀時，東正教代表的政治勢力入侵希臘，祭拜太陽神的神廟，被當成異教寺廟，狠狠砸毀。希臘人的神諭，自此消失；阿波羅神殿如今只留不到五十公分石柱群遺址；它目前惟一的功能，即是座落德爾菲（Delphi）環山中，供遊客停留憑弔。同時一九九九年七月九日，遊客之一的我為了耍寶，抗議當年東正教禁止女性進入，刻意站上了其中一只石柱，玩耍手中的 Evian 礦泉水瓶，並扭扭屁股，結果一躍跳下時，居然摔斷了腿，腳盤裂成兩段。

希臘人已失去了神諭一千六百年；他們今日的處境反而比較接近亞歷山大帝三十三歲斷氣後的下場。亞歷山大征服半個世界，但他死後帝國立即崩垮，一生迷戀的母親，七年後被謀殺；眾子有的不知所終，王位繼承人終生監禁希臘北方洞穴內。從十歲至二十六歲，十六年人生於黑暗中，王子了結度過年輕又悲慘的餘生。

希臘的債務危機，將改變未來它在西方文明的角色。歐洲人現在談起希臘，沒人想起愛琴海，希臘只是拖垮歐洲的懶豬與騙子。希臘於二〇〇四年申請加入歐元區，它的政府為了符合加入歐元區三％預算赤字門檻，竟然做了一連串的弊。先是把二〇〇二至二〇〇三年的政府赤字資料進行大規模「修改」，接著找了美國及瑞士兩家最厲害的投資銀行高盛與瑞士信貸，設計一套沒人看得懂的對沖交易。高盛將一九九八年至二〇〇一年希臘尚未加入歐元區前的債務，以一種「見了鬼」的信用證券方式（CDO）包裝成對歐元的貨幣互換交易，總計十二樁 CDO 產品交易。於是希臘債務如同當年雷曼事件，從此掉入了祕密檔案黑匣子，游出歐盟及公眾視線檢查之外；二〇〇四年歐盟在不知情下，批准希臘加入歐元區。

世上知情這樁世紀大騙局者，只有當年希臘政府、高盛與瑞士信貸部份高層。

希臘國會當地六月二十九日中午進行緊縮案表決，全球央行及市場從週末起即緊盯著六月二十九日這個 D-day。歐盟及 IMF 明白告訴希臘人，你們已騙了全球一次，除非通過緊縮節約，世界沒有人有義務幫助你。這是一個國家造假行騙的下場，國際市場甚至認定希臘桂冠已非橄欖枝，而是騙子王；二百八十億歐元緊縮計劃即使過關，希臘政府也不會認真執行。

一個人與公司的信用，何其珍貴，何況是國家。歐盟所以「嚴苛」地要求希臘需先節約才撥款到期緊急救助金一百二十億歐元，即是因希臘一騙再騙，紀錄太差。先是加入歐元區藏匿債務，接著去年歐盟與ＩＭＦ聯手批准一千一百億歐元，以為希臘至少可以撐到二〇一二年底；沒想到不到二〇一一年七月，錢就用光了。後頭九月有八十億，十二月有五十億；明年二〇一二年三月一百億，六月六十億，九月六十億，十二月二十億；二〇一三年還有八十億……。紓困希臘，對法德民眾真是一場被迫不得不付錢的世紀龐式騙局。援助它，只因「親已娶了」，上當了！希臘一路騙進了歐元區，從此把債務賴給德法，結果德國報紙忿忿不平談當德國人勤奮工作時；希臘人不是在睡覺，就是正於雅典衛城旁望著夕陽沾橄欖油享受大餐。

但要「離婚」，把希臘趕出歐元區，為時已晚。首先希臘早透過高盛與瑞士信貸，以祕密財政轉移方式，將其債券三分之二分散於法、美、德、澳洲、韓國……等各國銀行。希臘一旦宣佈債務重組，等同宣告破產；其情景與雷曼倒閉事件一模一樣，甚至更加嚴重。向來發言謹慎的美國聯準會主席伯南克出席歐盟比利時布魯塞爾高峰會時即表示：「希臘債務危機如果處理不當，將導致歐元區經濟受威脅……且不只歐元區金融體系甚至全球金融體系都將受嚴重衝擊。」

而愛琴海邊，亞里斯多德的後代與雅典女神的子弟兵只想準備下一場聯合大罷工，癱瘓全國海陸空交通。示威者在民主起源地的雅典憲法廣場（Syntagma Square）高喊：「小偷！我們繳的稅金跑到哪裡去？」希臘副總理曾回應群眾的疑問，坦承且直接，「被我們一起吃光了。」示威者氣得揚言若逮到他，將把他剁成「人肉香腸」，「大伙一起吃了他」。

希臘啊！古雅典的競技場！它的美永遠只在夕陽片刻，這或許早才是太陽神的神諭。按照希臘政府目前的債務，未來三十年它必須每年都維持至少十二％增長，才還得了債。這個數字對希臘才是真正的悲劇神話；事實上，它可能連每年二％，尾數都做不到。

希臘倒債，只是時間問題。它不賣島，不賣祖產，恐怕永遠站不起來。

亞歷山大帝三十三歲不到即因高燒死於巴比倫，他的死因眾說紛紜。其中之一被認定有人下了毒，他喝了慢性香木鱉的純酒中毒而死。亞歷山大帝曾帶領雅典與馬其頓聯兵征服半個地球；度過地中海，航翔印度洋。英國著名史學家湯恩比一九六九年曾撰寫一部遊戲之書，假設亞歷山大在巴比倫病好了，繼而征服西方與印度，然後西元前三一四年奇襲戰國時代的中國。湯恩比的遊戲之作，如今不由偉大的亞歷山大帝完成，而是他的後裔。以懶惰與騙術，結合大西洋彼岸的華爾街銀行，奇襲了全世界。

愛琴海邊，亞里斯多德的後代排隊領救濟金。
圖片來源／達志影像

應該有人告訴雅典廣場前的示威民眾實話，「笨蛋，小偷，就是你們自己。」

二〇一一年六月二十八日

當希臘瘋狂時，天全黑了

我以無比哀傷的心情寫下此文，因為它揭開的將是一個不幸年代的序幕；而且止不住，停不了。

世界地圖上，竟然出現了一名瘋子；他是柏拉圖的後代，希臘總理帕潘德里歐。哲人的後代以全球無人能理解的不負責任態度出賣全世界，將好不容易歐洲高峰會完成的希臘國債紓困方案，丟給民眾公投。

國際專家稱此舉無異自殺，不只讓希臘徹底破產，讓歐洲經濟陷入震盪，更讓全球歐美各大銀行重新面臨倒閉風潮，全球經濟再度陷入空前危機，並延長經濟大衰退的時間；而且未來數年巴爾幹半島政治危機極可能重現，甚至出現戰爭。希臘總理的瘋狂，讓歐洲人想起了上一回經濟大蕭條時出現的希特勒；他發動的雖不是武力，但他的

「混球」公投決策，卻足以產生與戰爭規模相同的經濟摧毀力量。

希臘總理帕潘德里歐為何突然發瘋？十月三十一日上午他在外界毫無預期下宣佈公投，全歐狂罵。剛剛為希臘國債開了兩輪高峰會的歐元區十七國領袖也跟著瘋了；氣瘋了！誰沒有民眾壓力？誰沒有權力壓力？德國梅克爾總理過去六場地方選舉，執政黨一一敗陣；七十六%德國人民調反對紓困又懶又詐欺加入歐元區的希臘；但梅克爾認知時代的任務，德國經濟必須保住歐元才能有長遠的前途。全歐元十七國連小國馬爾他都體認希臘一倒，骨牌效應可能立即波及全歐第三大經濟體義大利；那將不只是歐洲，而是世界的經濟大災難。德國總理梅克爾未將紓困案交付公投，全歐元區十六國領袖皆未這麼做，因為人人體會大家都坐在同一條船上。

但一個自私、沒有擔當的人或瘋子出現了，只因他的執政議員有兩名倒戈，於是歷史再度證明主寫人類歷史者不是理性的人，而是瘋狂者。希臘總理選擇把自己的國家逼入谷底、也把他的政治前途推向死胡同；瘋狂政客出現於雅典最古老的競技場旁；這回他競技的不是高雅的運動橄欖枝，而是自私與貪婪及懦弱。歐債兩年的驚波怒濤在所有歐洲政治家的驚人努力下，最終功虧一簣，全敗於一名瘋狂且自私的政客手中。

於是愛琴海上的星星不見了，大海不叫了，希臘永別了，世界經濟也再會了。

希臘總理交付公投時說了一段「無恥」的話：「我信任公民們，我相信他們的判斷與決定。」事實上他的做法，是以公投之名，逃避承擔之責。將複雜的經濟事務交付公投，尤其要希臘民眾自己投票同意降低工資、延長退休年齡、延長工時、取消福利補貼、多繳稅……換取歐元區紓困，在人性政治上根本是天方夜譚。德國總理與法國總統難以掩飾他們內心的憤怒，這是一個政治末路的玩家，賭一場必輸的賭局；但他胡鬧玩掉的不只是個人，而是歐元區及全球經濟。

事實上帕潘德里歐不是摧毀希臘；而是摧毀全歐洲、全世界。宣佈公投當天，義大利國債與德國國債息差立即創下四五五個基點，也就是實施歐元時代有史以來最高紀錄。剛上任的歐洲央行行長也是前義大利央行行長德拉吉（Mario Draghi）第一天上任即收到希臘這份「大賀禮」，沒喘息時間，立即止血大舉購買義大利國債；但義大利國債殖利率仍一路飆升。這是一個可怕的訊息！過去只要歐洲央行出手干預債市，殖利率即會降低；但這回不管用了！希臘政壇之動盪，已使債市的恐慌遠超過歐洲央行可控制的範圍；災難，止不住了。

當希臘總理高舉公投之旗當天，我的內心陷入了無限的沮喪；甚至想哭。它的意義不僅是當日德股跌五％，法股跌五．三八％，希臘股市跌幅六．九二％，義大利股市跌幅六．一三％……它代表著我們將無法避免進入另一個不確定的危險年代；正如當年大蕭條歷史的重演，它代表著歷史向來不會往理性方向發展，而是一段又一段被出賣的不幸片段湊成的人世章篇。

希臘胡鬧，首當其衝的受害者將是如二〇〇八年般面臨倒閉威脅的銀行。法國興業與巴黎銀行因持有最多希臘國債，當日股票已分跌十六％及十三％，荷蘭銀行（ING NV）下跌十四％，瑞士信貸銀行跌八・二%,倫敦巴克萊銀行跌近十%。希臘十二月中旬將獲得一筆八十億歐元的援助資金,但到一月舉行公投之前,這筆錢早已花光;最新民調六十%的希臘民眾不同意紓困案;如果公投否決紓困案,不只希臘國內銀行出現擠兌風潮,幾乎全數倒閉,那是小事;真正的影響是其早已飄出國外三分之二希臘國債將全數違約。這個國家,等同世界上最大型的財報詐騙公司,它賣出的債券,開出的支票,將化為廢紙。而歐洲北約組織或歐盟,拿他們一點辦法都沒有,只能趕緊再救各大歐陸銀行。

希臘之胡鬧,第二個影響是從現在起十一月、十二月、至一月希臘公投結果出爐前,全球凡股、債、匯市將一一陷入空前震盪。我不知道投資市場的信心將凍結至什麼程度,但這將是一個可怕的經濟寒冬,正如今年提早報到的美東大雪。那像是一場上天的預言,一道突如其來冷鋒在十月底降下,秋葉尚未飄零,積雪將美東大樹全然擊倒;百年老樹轟然垮下,就在一片對天災的錯愕疑問中,希臘總理宣佈了公投。

希臘已正式地抹去過去兩年歐元區各十七國，所有比他們勤奮辛勞的國家為他們闖禍後所做的全部努力，它自己選擇走上冰島之路，走上破產，退出歐元區，讓貨幣貶值。留下來的問題是其他歐債危機四國何去何從？愛爾蘭國債僅約一千三百億美元，希臘規模三分之一，減赤方案已漸上軌道，問題不大；葡萄牙目前情況不明，赤字略高於愛爾蘭，發債金額一千八百四十億美元，應該屬於歐元區可承受數字；但義大利國債高達兩兆兩千六百七十億美元，西班牙略少，金額也是希臘兩倍以上，逼近九千億。希臘若當了賴皮鬼一走了之，債市恐慌將聚焦剩下的歐債各國，尤其義大利與西班牙，兩國將被迫付出更高利息發行國債。西班牙最新公佈的失業率已高達二十一．五％，年輕人失業率更逼近四十％，這些環環相扣的不幸循環，像滾燙的熱鐵烙在他的生命印記上。他們不幸地成長於大衰退年代，只能靜靜地等待時代的洪流把他們沖向不知名的方向。沖往海灘，受了傷，一步一步站起來，還可活下去；沖向懸崖，人生掉下去，哀號也只是無情大時代的一個小驚嘆號。

至於希臘，那個西方文明的起源地，雅典娜守護神的遺跡地，它的國歌「自由頌」、國家格言「不自由毋寧死」……從此改變了。二〇〇四年他們以作假帳方法騙入歐元區，有一段時日，希臘人享受了派對好日子；根據資料，希臘鐵路公司員工憑藉歐元升值，平均工資竟然高達每月台幣二十萬元，而且每天只需工作五小時。過去人類認識希臘，正如其國歌歌詞「如神一般的復活」；從此人們認識希臘，只剩一個道德淪喪的遺址之地。

前陣子債券天王之一丹法斯（Dan Fuss）應邀來台，他對某些只從經濟角度主張希臘應退出歐元區的學者意見，非常不以為然。希臘並非純然歐洲一部份，它的地理位置處於歐洲最動盪的火藥庫巴爾幹半島南端。希臘北臨保加利亞、馬其頓、阿爾巴尼亞、及更北的科索沃，東則接壤土耳其。人類第一次世界大戰在巴爾幹半島爆發；一九九二年春季起，東正教、回教的種族清洗戰爭也在此半島持續七年以上。當希臘絕望時，巴爾幹半島的區域和平未必保得住。希臘已有大批優秀國民移居海外，他們逃離危機只有一個方法：賣掉一切，登上飛機，不再回頭。留下來走不掉的，只能在絕望中，或認命，或抗爭，或如二次大戰前的歐洲政治成為極端主義的支持者。

歐元區力保希臘的原因之一，即因此地的區域風險，再加上希臘克里特島海岸底層蘊藏豐富的天然氣。這條海底氣脈，部分屬於希臘，部分屬於土耳其領海；而天然氣管從希臘海底通往義大利及奧地利、瑞士；當希臘不平靜時，早已領悟歷史的歐洲人，不會忘記那兩場摧毀歐洲的一、二次大戰，如何開啟。

歷史未來可能如此書寫：那年二〇一一冬季，秋天尚未離去，冰風已襲向北美；上天突然轉成刀意蕭瑟的風景，那一年希臘正式由西方文明的起源地，成為西方繁榮的終結地。

歷史總是複製悲劇。於是二〇一一年十月底當人們以為二次衰退陰影已漸漸遠去，天終快亮時；希臘眾神，瞬間，將天全轉黑了。在一塊命中註定血腥的土地上，全球苦苦拱起的復甦幼苗，徹底被希臘燒焦。

連種子都不剩。

二〇一一年十一月二日

希臘總理給世界政客的一堂課

他是痞子嗎？是。他是瘋子嗎？是。更重要的是他是一名不知分寸的政客。

希臘總理帕潘德里歐十一月四日台灣夜間凌晨左右，宣佈撤銷公投；路透社引用希臘政府內幕消息指出，玩弄公投「巧門」的帕潘德里歐，接著將同意辭職，為研議中的聯合政府讓路，以換取他曾領導的政黨獲得信任投票，繼續領導政府。

內幕消息說：他被同黨告知，必須安靜地離開，以挽救執政黨；他已準備好辭呈。

帕潘德里歐胡鬧的四天，是歐債也是二〇一一年底全球難忘的四天。他所領導的執政黨議員在過去六次紓困案表決，一個接著一個出走倒戈。十月三十一日那一天，全球都不會忘記，他先開除了兩名資深國會議員，然後宣佈一千三百億紓困案將交付公投。此時，他領導的執政黨已從原先一百五十五V. S.反對勢力一百四十一席多數，只剩脆弱搖搖欲墜的領先二席。面對權力困境，他有好幾個選項，第一，選擇斯洛伐克總理方式，以解散國會提早改選交換反對黨共體時艱。這是偉大政治家的選擇，犧牲自己的執政權，換得國家的發展。帕潘德里歐沒有這麼做，這實在非常諷刺；因為斯洛伐克總理伊維塔．拉迪喬娃如此「偉大」，並不是為了紓困自己的國家，而是紓困希臘；她的目的只為了挽救歐元區及世界經濟免於崩潰。在她眼中權力固然重要，但總國家才是永恆的。

帕潘德里歐不但沒有選擇走上偉大之路，反而玩上「狠毒政客」最擅長的博奕遊戲，要死大家一起死，「割喉割到斷」。他明知十二月十一日希臘即有一百三十億歐元債券到期，原本十一月初歐洲央行撥付的八十億紓困是希臘的救命丸；但為了政客永遠戒不了的迷幻權力，他決定進行摧毀性的賭博。反對黨要杯葛、工會要抗爭、希臘人想繼續偷懶……他兩手一攤，「我也想要權力」，於是放手一博。

那一刻，全球經濟為之震動，歐元區如同走上恐怖懸崖邊緣。帕潘德里歐無視一切，他的父親與祖父曾任希臘總理，或許權貴的血液太濃了，濃到他目空一切，一度以為自己即將成為贏家。

他沒料到的是法德兩大國領袖的憤怒！於是十一月三日，德法向他發出通牒，歐元區將一千三百億紓困案公投視同希臘是否留在歐元區的公投，它不僅是延長工時、退休年齡的公共事務性公投，而是希臘人民YES或NO，要不要留在歐元區的抉擇。因此，除非公投過關，原本歐元區本已準備紓困的八十億歐元，將暫不支付，等待公投答案。

從此情勢急轉直下，因為它意味著公投若不過，希臘十二月十一日必將破產，全國進入動盪，老百姓在銀行的錢將一半以上甚至全盤泡湯。根據資料，希臘三千八百億美元國債仍有三分之一留在國內；希臘各大銀行將出現恐怖擠兌潮，然後一一倒閉。

帕潘德里歐十一月三日本還想頑抗，只將公投提早至十二月四日舉行，避免十二月十一日倒債；但在一切尚未發生前，這位豪賭政客，已在自己的政黨內失去了支柱。他的副總理兼財政部長率先發難，接著一位又一位同黨國會議員明白地告知他，只有他離開，才能挽救希臘。

十一月四日凌晨，一個捨不下權力，寧可把全球和他綁在一塊的「自殺炸彈型」政客，在國內外情勢交迫下，豪賭四天，掙扎四天，最終一無所有。永久的，滾出了他上了癮的政壇。

帕潘德里歐蒙羞地不僅是他自己，他的家族，還包括希臘的形象。那首曾被娜娜（NaNa）優雅清唱的國歌「自由頌」，從此染上粗魯的恥印。希臘的形象不再是一片的天空蔚藍，人們看到的是北風吹起不平靜的地中海，驚濤拍浪，層層疊疊。二〇一〇年聯合國曾以全球排名第二十二，意謂「極高」等級將希臘列為人類發展指數先進的國家。事實上翻開希臘近代史，一九六七年四月二十一日軍人曾發動政變，一九七四年軍事政權執政長達七年才垮台；一九七七年回到民主體制，但執政黨不斷更迭。希臘的危機，是否就此終了？我相信，全球對它的信心，不會只因帕潘德里歐離去而恢復；對歐元區的穩定也從此打上問號，甚至乾脆希望一勞永逸把這個一路行詐的國家「有秩序」地趕出歐元區。

希臘北端有一個世界著名的「和尚國」，那是阿索斯山修道聖山；女人不得進入，修道者只要上了山從此與世隔絕，終生修行，最終只剩下一個又一個骷髏頭，代表化骨升天。傳奇性的遺址，傳奇性的歷史，世人永誌不忘的帕德嫩神廟環繞下，希臘竟然誕生了一名最粗鄙的政客。

帕潘德里歐的四天，等於給政客們上了一堂寶貴課程；越想不擇手段抓住權力的人，失去的越快。

二〇一一年十一月四日

二〇一一年十月三十一日，希臘前總理帕潘德里歐宣佈紓困案交付公投後，歐債危機即如熊熊野火全面燃燒。跨海燒向義大利、西班牙……世界從此改變了。
圖片來源／視覺中國

希羅烽火二人轉

他們不是荒野大鏢客，也不是我倆沒有明天；他們只是烽火「二人轉」，讓我們大家都失去了明天。

希臘新總理於十一月十一日格林威治時間十二點，宣誓就職。此刻前總理的政治賭博雖已結束，但野火已燎原義大利；悲劇止不住。

義大利的國債一兆九千億歐元，不只規模約為希臘國債五．七六倍，也遠遠大於歐元區為挽救歐債所準備的金融穩定基金（EFSF）四千四百億美元約五倍以上。希臘公投未成，前總理下台，不管他有多少滿腹委屈，但虔誠的懺悔已喚不回上帝垂憐。就在希臘前總理黯然離去的背影下，義大利十年期國債殖利率十一月八日飆升至七．四八％，至週四、五才降至六．七七％；仍遠高於希臘丟出紓困公投之前。一個人，離開，很容易；但他在關鍵時刻的關鍵作為，卻很難隨著他的離去劃下終止符。

從十月三十一日至十一月十二日，長達十二天，全球眼睜睜地學習什麼叫「骨牌效應」，什麼叫「牽一髮動全身」。

市場上，已經沒有人關切帕潘德里歐的初衷，甚至忘記他曾於二○○九年之後如何努力打擊希臘前朝政府的腐敗，揭發預算作假的謊言，以及力抗全社會大中小公司及民間的集體逃稅。禿鷹環伺，國內腐敗，工會不肯延長工時，百姓認定工作至六十七歲等於要他們「工作到死」……，帕潘德里歐含著淚，領導一個早已無法領導的國家。他在關鍵那一刻微微小小對權力的戀棧，引發德法大國憤怒。於是，一切的錯誤全歸諸於他；三年來他已把自己燒得油盡燈枯，只能安靜離去。

但希臘悲劇的張力，向來驚人，不到一週已直接跨越地中海，在世界第七大經濟體義大利登場。

義大利形勢惡化的速度，遠超過市場的準備。義國有一名不知羞恥，不只性好漁色，且非抓著權力春藥不可的貝魯斯科尼總理。儘管改革預算案投票，他已失去多數，少了八票，但他却決定一反歐洲內閣制慣例，頑固地不輕易辭職，讓義國政局處於恐慌震盪。過去二十年，貝氏總理三起三落，貝氏春畫則是數不清的消息；義大利人早已將他視為二十年來生命力（或性能力）最強的政客，但這回無敵性能力只把他轉變成歐元區第二個大賭徒。他決定頑抗不辭職，進行大選，放手讓義大利從經濟危機轉化為政經兩方皆危的國度。

其實義大利經濟基本面比希臘好，平均到期國債約為七年，近七成國債持有者為義國本地人，情況類似日本，他們本來不致任意拋售本國債券；而且國民淨財富為八．六兆歐元，為其國債四倍以上。但羅馬的政治領導，令人不敢領教，終至一天一天把義債逼到市場信心崩潰。

二〇一一年十一月十二日，義大利羅馬，民眾在
義大利總統府外慶祝總理貝魯斯科尼辭職。
圖片來源／視覺中國

我還記得去年三月專訪「歐元之父」孟岱爾時，提到「PIGS」，問他I指的是愛爾蘭還是義大利？他嚴肅地看著我，一字一句更正，「不，當然是愛爾蘭，義大利不會出問題。」孟岱爾每年七月皆於西耶那古堡（Siena），舉行世界經濟圓桌會議。我想即使今年七月，世界一流的頭腦，也無法預見今日恐慌的義大利。

因為孟岱爾看不到超越經濟的政治，這些政治人物的戀棧權力或孤注一擲，終把歐元區帶到懸崖邊緣，把世界經濟帶回有若二〇〇八年般大衰退的局面。

而一切，只為了一個席位，名叫總理。它的代價，卻是全世界。

新任IMF總裁拉加德為未來經濟下了無情的診斷書：世界將有失落的十年。十年，像一個破洞，砸在每一個人生命中，有的占其五分之一，有的占七分之一，有的吞噬了他人生最黃金的歲月，有的熬不過，只能貧困而死。

經濟的烽火本來已經夠大，但連續兩週，兩名賭徒，分別來自希臘與羅馬；他們合演的「希羅二人轉」將全球推入不可逆轉的厄運年代。

過去我常說，「台灣的政治解決不了我們的難題，因此我不願再從政。」現在我發現這句話還得倒過來說，在希臘、在義大利，政治不只解決不了難題，反而會製造更恐怖的難題。

二〇一一年十一月十一日

歐債中，惟一不敗的德國

歐洲榮景最終結束於美麗的義大利海灘？或巴塞隆納夢幻古典吉他聲？

金融時報、經濟學人、華爾街日報，每週總有一篇以抒情式文字，哀悼華麗歐洲的終點。差別只是眾多經濟學家，有的最不看好西班牙，有的點名義大利或愛爾蘭。

共同的是，沒有人認為歐元區危機會來自德國。

多麼奇特！兩次世界大戰，德國都是戰敗之國。一九四五年希特勒舉槍自殺前一天，先與多年女友艾娃舉行婚宴。當日柏林巷戰已開始，全城被蘇聯軍包圍。婚宴於二十九日防空洞內凌晨舉行，席上備著香檳酒。希特勒告訴賓客們，死對他已是一種解脫。他整日沒入睡；

人生倒數時刻，睡眠已是最不需要的活動。下午傳來墨索里尼與情婦被處死，並曝屍街頭的消息；隔一天，一九四五年四月三十日下午三點三十分，希特勒與所有身邊人員一一訣別；他走進房間，先殺了心愛的狗，接著對著自己的嘴，放一槍；夫人艾娃則是服毒自殺。當日晚間，紅軍衝進第三帝國國會大廈；柏林滿街都是難民，整城一半淪為廢墟。

杜魯門回憶戰後巡視柏林，望著衣不蔽體的民眾茫然走在街上，兩眼無神。當晚杜魯門於日記中寫下：「此刻，我毫無勝利的歡愉。」

六十六年過去了，歐元區戰勝國泰半倒下。惟獨德國，永如奇蹟，永遠有能力東山再起。

德國爬起來，並不容易。德國沒有陷入高社福支出累積的國債危機，靠的是二〇〇三年起一連串退休法案改革。當年總理施洛德（Gerhard Schröder）不顧抗爭，大力推行重大計劃「二〇一〇大議程」（**Agenda 2010**）。這個改革方案取消歐洲普遍過高退休年金，調低失業救濟金水準，並放寬僵硬工時監管；與工會達成一份勞、資、國家競爭力三方全贏的「全面協議」。

當時全球經濟雖處於網絡泡沫化及亞洲SARS恐慌中，德國並無重大經濟危機。但施洛德嘗試說服國會與工會，德國如果不在體質好的時候改革，等病入膏肓，才來解決問題；工人及國家都會付出更大的代價。

這個聽起來平凡的「Agenda2010」，好似平淡無奇；卻是一個驚人的協議。德國總理眼看中國、東歐廉價勞力崛起，他親自出馬與工會領袖面對面談判，最終換得他們對全球經濟趨勢的理解。於是破天荒的，工會同意以更低的薪資交換更大的法律工作保障；根據國際勞工組織（ILO）數字，過去十年，德國薪資實際降低四．五％；工會的讓步換來的是工廠尖端技術不外移，德國出口競爭力也大增。

德國今年第一季度經濟增長六．一％，人口雖僅八千二百萬，卻維持全球第二大出口國地位。出口在過去十年，為德國帶來巨額的經常盈餘，每年貢獻三分之二增長。

施洛德的遠見，使德國成了如今惟一傲視歐洲的國家。就在它的邊界，法國至今仍維持每週工時三十小時的法律規定，經濟疲弱；英國首相卡麥隆直至近日才提出改革退休養老金方案，結果六月三十日七十五萬人公私營部門大罷工；英國「衛報」引用工會發言人談話，「我們要向政府宣戰。」

二〇〇三年德國總理施洛德 (Gerhard Schröder) 不顧抗爭，大力推行重大計劃「二〇一〇大議程」(Agenda 2010)，挽救了德國。
圖片來源／達志影像

希臘民眾自二戰以來，最認真、「工時」也最長的兩天就
是六月二十八日至二十九日四十八小時不中斷的大抗爭。
圖片來源／達志影像

製造歐債恐慌的核心國希臘更顯離譜。它的工會法規定五十三歲退休，退休金為原薪資百分之八十。希臘民眾自二戰以來，最認真、「工時」也最長的兩天就是六月二十八日至二十九日四十八小時不中斷的大抗爭。全國飛機、銀行、教師、醫院、政府部門全加入大罷工，連媒體也在兩天內各罷工五小時。

德國ARD電視最新民調六十%德國人同意，無論他們高興與否，德國別無選擇，為了歐元區穩定及德國長期發展，只能幫助希臘；只剩三十七%的德國人忿忿不平，質問希臘為何可以毫無節制累積國債，並以欺騙手法加入歐元區？

又是一場德國人的遠見，挽救了世界經濟。

希特勒已死，可是他生前希望榮耀的德國，戰後選擇了一條截然不同的理智方式與遠見路線，為德國在歐洲贏得了最終真正的勝利。

二〇一一年七月二日

德國啟示錄

十一年的盡頭是一截短蠟燭；燭火仍搖曳，燭油已殘落，就剩最後一段了。

歐元區走到二〇一一年九月二十九日，度過了它燭火消滅的最大危機。德國眾議院以五百二十三票對八十五票通過擴增歐洲金融穩定基金方案。六一一位議員中，三名棄權，德國總理不只獲得執政黨的議員同意票，同時取得三分之二反對黨票數。德國眾議院壓倒性的投票結果，不只適時掌握了拯救歐元區及全球經濟最後機會，更為代議士民主立下典範。

德國眾院投票於九月二十九日當地時間上午九點開始，在此前夕德國權威媒體公佈民調，反對出資的民眾高達七十六％，贊成僅十八％。如果沒有菁英政治人物依遠見與專業有擔當地對抗民意，用本地的話講「不看民調治國」，德國九月二十九日投票的結果應是完全相反；紓困案壓倒性的大敗。但德國眾議院挺住了，他們知道在他們手中這一張票決定的是歐元區的未來，世界經濟的崩垮，人類是否面臨前所未見的經濟災難。

大批的抗爭人潮聚集眾議院外頭，他們都是辛勤工作的德國人，為了降低赤字，二〇〇三年起他們自動減薪，十年接近減了五％，他們增加工時，他們延長退休年齡，最重要的，他們誠實繳稅。「為什麼要援助一個偷懶、五十三歲退休、逃稅、一騙再騙的希臘呢？」德國民眾怒吼著。

總理梅克爾準時九點走入眾院大廈，德國國會位於一個曾經被分割成東西柏林的中軸線上，屋頂是一個看得到天空的透明穹頂，建築大師諾曼．福斯特的作品。望著天，知道自己手中一票代表的意義，德國歷經九月二十八日一整個白天至深夜的激辯，終於取得跨黨派壓倒性勝利。總理梅克爾紓困案通過後，沒有開懷大笑，她抿著嘴，嘴角似是笑又似是想哭出來，一切太不容易了。如今她的民調支持度不到二十五％，此案表決前，反對激進派人士曾揚言必要時倒閣，逼她提早下台。

星殞不論成石或焚落，都得打在梅克爾頭上。她走入國會，沒頂著安全帽，擔起全球矚目的歷史時刻。「鐵娘子」，真的讓一個完全不被德國民眾支持的方案，通過了。

她挽救了世界，但也可能同時毀滅了自己。

我在家裡靜靜看著 Euro News 報導整個過程，每一個走進投票箱的議員，都在決定世界經濟是否下一刻即宣佈崩垮。他們的腦袋裝著兩個相互撞擊的事物，一個是歐元區若倒了，那人類將面臨比二〇〇八年雷曼倒閉更嚴重的經濟災難，德國也將同時沉沒。德國出口高居世界第二，但光歐盟即占了六十二．九％，美國占六．七％，中國四．五％，瑞士四．四％，其他各國占二十一．五％。歐盟經濟若陷入動盪，歐元瓦解，阿拉伯之春吹向歐洲，德國也完了。但另一個同時撞擊的是場外民眾的叫囂，他們的話不是全無道理，甚至動人且澎湃。

尤其他們不是一小撮人，他們代表德國民眾的絕對多數。民眾看見了「不正義」，但他們看不見控訴與懲罰「不正義」後，全球及德國必須付出的後果。

思辯在一個應該以政客為主的偉大建築蔓延開來。控訴等同自殺，忍耐等同拯救；這些國會議員的角色在民主制度的設計中，被深深挑戰著。

民主政治所以設計代議士制度，目的就是要把許多超越一般民眾知識、經驗、專業、複雜的國家大事交給國會議員，由他們代行判斷、治理國家。如果代議士政治，只是國會議員享受菁英的地位、特權好處，但一投票全以討好民眾為主；我們其實不需要國會議員。凡事只需訴諸民調，以民眾之好惡，為一切真理。這在台灣，我們太熟悉了！

德國九月二十九日眾議院的表現，該讓台灣政治人物汗顏。我們沒有再陷入經濟災難的驚恐，只因德國的菁英知道自己身負的角色。那不僅是權力，更包括責任。

剎那間，我們與全球共同躲過了一場災難；但也同時留給台灣一個重大的疑問：為什麼德國的政治領袖與台灣政治人物，差異這麼大？

二〇一一年九月三十日

德國國會位於一個曾經被分割成東西柏林的中軸線上，屋頂是
一個看得到天空的透明穹頂，建築大師諾曼．福斯特的作品。
圖片來源／視覺中國

顫慄歐債的另一個真相

黑之巨雲，一塊版圖一塊版圖地占領歐洲上空。再長、再輝煌的歷史也無法爭辯了。

二〇〇八年搞垮全球的華爾街對沖基金，二〇一一年十月底起再度以禿鷹姿態，毫不羞愧地蠶食歐洲。它們先放空希臘，不到一週放空義大利公債，接著西班牙，接著比利時……。金融禿鷹挾持著全球一般人以「理財」為名交給各大投行的資金，一個聽起來挺正當的名義，一步一步攻擊歐債；它們像恐怖的鳥群佈滿歐洲上空，場景狀似希區考克拍攝的恐怖片「鳥」。歐洲的蔚藍上空此時已轉為恆久之黑夜，且日日不分晝夜皆伋黑深似井。希臘公債有破洞，禿鷹攻擊希臘公債尚可理解；義大利國債固然高達二兆歐元，但其經濟基本面並非如希臘還不出債來，可是躲在歐洲山頭的金融禿鷹趁著貝魯斯科尼預算案未過國會半數當天，立刻群起包圍羅馬廣場；一舉將義大利十年期公債殖利率推升至七．四八%。於是性能力、財富、自信皆曾首屈一指的貝魯斯科尼，此時在國際禿鷹攻擊下，只成了羅馬街燈下，惡夢囈語被禿鷹吃光了的腐臭之身。

對沖基金比當年拿破崙橫掃歐洲的速度還快，它沒有身子，甚至沒有影子；你看不到它，它是一支世界上最可怕的軍隊。十一月十四日它同時攻擊義大利與西班牙，十一月十五日再攻擊法國與比利時公債。英國金融時報預言，「從現在起，將是歐債危機爆發以來，最令人焦慮的時刻。」德國總理梅克爾以顫抖的聲音，低下頭來告訴她領導的德國執政黨（CDU），「歐洲正處於二次世界大戰以來最艱難的時刻。」全球「對沖基金」十一月以來嚐到甜頭，它們不會放手；從希臘，直攻義大利、比利時、法國……。自二〇〇八年禿鷹已餓了許久，虧損許多錢，各大投行近日紛紛裁員。這一波歐債放空大行動（聽起來像軍事斬首行動），正讓餓了肚子很久的「他們」，飽食一場許久未曾品嚐的盛宴。

與去年相比，這一回他們變聰明了，不再只攻擊歐元區外圍邊緣國家，因為套利不夠大；它們直接對準了歐洲核心要害國家。全球「金融禿鷹」啟動屬於他們的「北約行動」，十一月十五日焦點不只希臘或義大利、西班牙，還擴散至擁有AAA評級的法國、奧地利、芬蘭、荷蘭、比利時。除了德國之外，所有主要歐元區國家債券殖利率全面上升；義大利新政府雖已組成，理性而言政治危機已過；但禿鷹發現，只有全面且直搗核心的攻擊，才能再度震撼市場，造成恐慌；「放空者」也才能藉此圖謀大利。於是義大利國債殖利率隔一週再度突破七％，比利時國債殖利率也比德國高出三百一十四個基點，刷新歷史紀錄。

這是一個歷史性的「顫慄星期二」，當日歐洲債券市場，買家寥寥無幾，人人都在清盤，各家皆如戰亂時期的逃難般，湧向逃離歐債的門口，如果還來得及逃。比利時政府在禿鷹襲擊那一天，已有五百一十六天處於無政府狀態，但它不是惟一。禿鷹同時湧向芬蘭與荷蘭，兩個經濟毫不值得憂慮的國家，美麗又創新的經濟體；只因也身處歐元區，兩國公債分別在「顫慄星期二」這一天上升十七與十個基點，殖利率創下歐元時代最高值。

歐債與以美國為主的對沖基金對賭，如同一本奇特的小說。它充滿了懸疑，充滿了殘酷，它突顯了過去歐洲國家寅吃卯糧的下場，但更彰顯歐洲歷經兩次大戰失去世界霸主把地位讓給美國後，繁華帝國落難蒼涼的窘迫下場。巴菲特在「顫慄星期二」的前一天，接受美國CNBC電視台訪問，有點頑童，更有點不知慚愧地談歐債危機：「歐元最大的缺陷是，它們沒有自己印鈔票的權力。」說得真好！歐洲試圖再起，一九六五年戴高樂已識破了美元的危機，並預言警告全球若持續讓美國央行無節制印鈔票，未來全球經濟將不斷吞食美國經濟災害的苦果。可惜一九六八年五月的法國學潮推翻了戴高樂，推翻了他的「美元革命」，終結了歐洲惟一一次可以打破美元壟斷的機會。五月學潮後，巴黎街頭殘破，美元卻僥倖地苟延殘喘留了下來，繼續維持它世界貨幣地位。歐洲從此再也沒有出現具備遠見的領袖，直至一九九九年成立整合組成歐元區時，歐洲才再度向獨大且多次賴帳的美元，沉默的二度宣戰。但正如巴菲特所言，歐元貨幣聯盟少了印鈔票的「權力」，它的貨幣整合等於欠缺了一個大武器；因此美國公債即使有若天文數字，卻無倒債危機，歐洲沒這個福份與特權。於是二〇〇八年當華爾街崩盤後，美國聯準會啟動它的印鈔機，QE1、尤其QE2之後，美元全球滿天飛。這些竄流世界過多的資金集結成一支看不見，卻孔武有力的金融隊伍，先是攻擊商品市場，掀起全球通膨；接著攻擊歐債，二〇一一年十一月義大利之役讓他們嚐到了大盛宴。是的，歐洲一直與「盛宴」劃上等號，但這一回餐桌上擺飾的不再是珍貴的鴨肝、松露、魚子醬、紅酒、牡蠣……這一回是對沖基金「活宰」歐洲各國，並且由於其已瀕臨崩潰衰退的經濟，他們全都無力反抗。於是歐洲各國形同被烹煮的食材，一一擺在餐桌上，供投機客們歡樂享用。

天真的歐洲人仍在廣場唱歌，以為這只是各國內政問題；貝魯斯科尼下台那一天，義大利街頭上演世界上最高雅的抗爭行動，歡送貝老「滾蛋」。廣場上小提琴手站立古老松樹下，拉著韓德爾「哈雷路亞」曲目；群眾之中，一人充當指揮，在義大利十個人中就有一個人學過聲樂，合唱不是問題。高雅的曲子與曲子之間，群眾紛紛加入，等著貝魯斯科尼正式「滾蛋」；那一天深夜裡，護送貝老的車子終於亮燈開出眾議院，群眾此時才停止歌聲齊喊：「下台！」「滾蛋！」歡騰聲中，義大利人以為明日清晨，人生將是新的一頁。

可惜，他們看不到那一隻市場上從大西洋另一端早已登陸「諾曼地」，永遠「看不見的金融禿鷹手」。好色的貝魯斯科尼走了，好財的對沖基金投機客尚留山頭。週末他們於市場上繼續放空消息，週一宣稱接手的新總理蒙提無法火速組成有效內閣，週二更大舉全面放空歐債；火勢一路延燒，從地中海一路燒至已然冰雪之地的芬蘭。於是十一月十五日，這一天，歐債市場有若一場「大屠殺」。

面對這場「大屠殺」，歐盟議會立即首度通過歐元區主權債務相關衍生性產品全部限制交易，同時禁止信用違約（CDS）裸交易。歐盟不再天真地放任或相信市場，他們必須迎戰投機客，打一場慘烈的戰役。

「歐債大屠殺日」後一天，我想起海明威。一九二六年他出版小說「旭日依舊東升」；書寫背景是一次大戰後困惑的巴黎，他特別鍾愛巴黎丁香園咖啡館旁的內伊元帥雕像。滑鐵盧戰敗後，拿破崙於莫斯科大撤退時立即乘坐馬車急駛離去，留下內伊元帥率領後援部隊堅守戰場。內伊元帥最終且戰且退，不知戰了多少個日子，終至全軍覆滅，無人生還。法國紀念這位悲劇英雄，為他樹立一尊雕像，內伊元帥的手持軍刀出鞘，孤伶伶地站立廣場，手直挺挺的，刀永不落下；然而元帥身後，却始終空無一人。

海明威於一九二〇年代目睹這尊百年前的雕像，當天陽光雖仍照在元帥雕像上，但其旁的高聳之樹，卻也同時投下了陰影。停留巴黎期間海明威寫下他第一部長篇小說，其中引用「失落的一代」（a lost generation）一詞，從此「失落的一代」這個名詞成了描述一次大戰後解甲歸田，人生不知往那兒去的年輕徬徨世代。海明威在他的「巴黎回憶錄」中，回憶當年與內伊元帥雕像敬一杯冰啤酒的心情對白：「或許每一代人都曾因為某種因緣而感到失落，過去如此，未來亦然。」

如今海明威的預言，捲土重來。歐元區各國正如當年的內伊元帥，孤伶伶的佇立廣場，獨自拔劍，揮舞空中，四面八方，刀只能盲目地揮向不知何處何時飛來的全球禿鷹。元帥之劍是否終將敗陣落下？也就是巴菲特的嘲弄之言，沒有了美國人獨有印鈔特權，歐元是否將因歐債而崩解，沒人知道答案。

只知若歐元倒下之刻，除了飽食的少數禿鷹外，全球皆將再度面臨經濟大衰退。

包括巴菲特得意洋洋可以印鈔票的美國。

二〇一一年十一月十六日

當歐洲夢醒時分

二〇〇七年法國總統大選，社會黨推出了一位優雅、美麗、且未婚生子的女性總統候選人；她的名字叫賀雅爾。賀雅爾現在仍是社會黨大老，但明年大選，已經沒有她的角色。當年她因貌美親切崛起，但自從薩科奇娶了法國第一名模卡拉．布魯尼為妻後，賀雅爾已迅速地從俗麗的媒體版面消逝。

幾天前與法國一位文化界要人晚宴，我問起賀雅爾，他驚訝地回答：「她已近六十歲了。」我的法國朋友不是嫌棄她老，而是法國人觀念裡，六十歲至六十四歲的人僅有十二％仍留職場，六十五至六十九歲的人群中，僅一％仍在上班。七十歲以上，工作人口比例為「零」。賀雅爾並非「人老珠黃」，事實上，她仍維持美好的身材及高雅形貌；只是有誰，年近六十，還想不開爭奪苦差事呢？

這是只有歐洲，尤其南歐人才理解的密碼。歐洲人的人生觀：「人不是為了工作而生活」。人生過了六十還得將殘餘生命榨取於工作，那是一種對生命年華的羞辱。相較東方或美國企業家，三、四十歲創業，六十歲還得再擴展版圖。台灣「經營之神」王永慶，工作至闔眼的最後一天。美國最著名的外交家季辛格（Henry Kissinger），今年八十八歲，剛剛才出版一本頗具影響力的外交著作，一點也不想退休；歐巴馬上台後，請出前聯準會主席沃克擔任白宮首席經濟顧問，他已八十三歲了。而每天全球緊盯著他跑，自己開車的股神巴菲特，也已年近八十了。然而王侯後代的歐洲國家不屑這一套，歐洲各國立法退休年齡金融海嘯前平均僅六十二歲，歐債危機後修訂延長至六十五歲；優雅的歐洲人居然上街丟鏟子、棍棒甚至汽油彈，好似世界要把他們逼向末日。

我閱讀西班牙搖搖欲墜的國債危機數據，發現龐大國債一部份來自與華爾街相同國家對銀行過度寬鬆的監管，但這僅占三分之一；三分之二國債竟來自於多年累積龐大驚人的退休金。西班牙四月份失業

法國美麗的莊園，終於從豐美走向了憂鬱之路。
圖片來源／鄒世烈

歐洲多數人既非就業，也非失業；他們不工作，全退休了。
圖片來源／鄭世烈

率高達二〇・七％，但西班牙上班的人口也不到全國三十五％。因為多數人既非就業，也非失業；他們不工作，全退休了。每月向國家領取高額退休金，累積成舉世恐慌的歐債危機。

這是舊歐洲獨霸世界十七、十八、十九世紀後，進入二十及二十一世紀的徬徨。一次大戰之後，歐洲以一場戰爭正式結束歐洲獨霸的年代。優雅的歐洲文明從豐美至憂鬱，算算一百年過去了，文藝復興、洛可可……所有象徵高尚文明的生活品味，無以為繼。但歐洲工會法至今仍規定每人每週僅需工作三十小時。而在中國，一個工人平均一週至少工作五十八小時，在日本、香港、台灣，每人工作接近每週四十至五十小時。

中國有富二代的問題，歐洲則是富十代，甚至富二十代的問題。希臘、葡萄牙、西班牙所以成為世間旅遊勝地，因為到了那兒，除了橄欖油、美食、蔚藍之海外，你不會望見形色匆匆的路人。走入鄉間，你很輕易地活回了遺忘的時光；轉角一道古牆，馬賽克巧變色豔奪目；西歐的河水總是閃耀著光芒。白天是上天金黃天空的許諾，晚間古堡夜燈的倒影。撰寫二戰故事「法蘭西組曲」的作者，以巴黎六月的一個凌晨開場。當德軍入侵警報熟睡時刻響起時，巴黎人全無準備。人們聽聞催促的警報，卻仍貪戀被窩的溫度。於是平日養尊處優的巴黎人，面對大難猝臨，「僅僅幾秒，連痛都忘了。」他們不想明白歷史的洪流已無情捲動，德軍轟炸那一刻有人看書，有人仍望著窗外，有人想著挑那件衣裳至麗池飯店喝下午茶……一切已天旋地轉，片刻間墜入地獄。

雖然兩次世界大戰，歐洲都是主要戰場；但西班牙古典吉他旋律、佛朗明哥豔紅裙襬、巴黎大皇宮區時尚，實在太迷人、太容易叫人遺忘慘痛。推動歐洲人生命的是沉思與品酒聊天，不是無止境的工作。

歐洲雖是最早創造全球化海上戰場的冒險民族，但真的面對舊歐洲沒落，歐洲似乎只願逃向集體「法蘭西組曲」式的慵懶眷戀。十六世紀冒險的富一代已死，富二十代的歐洲人面對沒落已然一個世紀，認知起來却仍如此困惑與痛苦。

戰後的歐洲想了一套復興歐洲的新法子，對抗崛起的美國大國。先是很快的簽下「馬斯垂克條約」，力挽歐洲版圖；接著「歐洲共同市場」，統一貨幣「歐元」，一一推出。可惜共同貨幣歐元區初成立才十一年，便在一場華爾街引發的金融危機與歐洲自己的財政危機交鋒時，立刻敗下陣來。歐元成立，本為力抗美元惟一霸主地位；但難堪的是為了挽救經濟，歐洲央行無法如美聯準會（Fed）擁有無懼市場信心大印鈔票的權力；而金融危機尚未度過，歐元區內部早已債台高築，希、葡、愛爾蘭等國已於全球債市崩垮。

「歐元之父」孟岱爾於香港接受我的專訪，他比喻希臘破產不過有若美國加州破產，沒什麼了不得。但孟岱爾忽略了華府的政客，那怕阿拉斯加最沒世界觀「擦口紅」的裴琳都認定加州是美國的一部分；歐洲德法等大國人民卻不見得願意認帳希臘爛帳。二〇一一年四月份，歐盟北歐大國芬蘭誕生了一個極右派大黨「真芬蘭黨」（**True Finlands**），選舉中該黨只提出兩大口號，不付錢給懶惰的歐洲之豬（希葡西愛等四國 **PIGS** 簡稱），以及反對亞、非、中東外來移民。這個聽似瘋狂的極右派政黨卻在社福、創新、和平著稱的芬蘭從原本僅五席國會席次，陡增贏得近八倍三十九席。「真芬蘭黨」的出現震撼全歐政壇，其景宛若一九三一年的納粹。歐盟要往前進，本需建立更緊密的聯盟；但現在看起來卻是倒退中，朝部份解體之路走。

然而正如我們的人生，往事不可能如煙；歐元區尋夢十二年的過程中，德法如今已難完全脫身。根據歐洲央行統計，希臘千億債務只有三分之一由希臘本地銀行持有，三分之二均曝險於德法銀行。歐元區四月份全區失業率高達九．九％；歐盟二十七國失業人口高達二二五四．七萬；一切看起來皆十分破敗。而希臘、葡萄牙等國早已將它的財政危機，透過共同貨幣機制財政祕密轉移予歐盟核心大國德國央行（Bundesbank）；它是「歐洲之豬」最主要債權人。希臘若違約，不只希臘銀行體系崩潰，也同時丟下大批債務予德國央行。而且全歐市場信心將如雷曼倒閉般，滾雪球地把危機迅速擴大至葡、愛、西班牙。到了愛爾蘭，國債至少六千億歐元，已超過歐洲央行可承受範圍。這是為什麼，歐洲財長再怎麼憤怒，也得堵住希臘災難的原因。小洞不補，提防整個崩潰。現在後悔加入歐元區，已為時太晚。

在塞納河畔，遊民與聖母大教堂並存；舊歐洲
與新歐洲，始終如魅影歌聲般糾纏交結。
圖片來源／ Ammy CH Huang

歐洲過去半世紀所以如此不顧一切地進行歐元整合，被巴菲特形容為「一場看不懂的電影」，全因歐洲人很難忘記榮耀的過往。從十五世紀起，巴黎已是世界第一大都。儘管一八九五年美國已躍居全球第一大工業國，擁有全世界工業產出的百分之二十九；但這場征服與耀眼的十七、十八、十九世紀的歐洲成績單大不相同。根據統計歐洲巔峰霸權時刻，國際百分之六十進出口羊毛，半數小麥，半數肉品以及大部份茶葉都是歐洲人的「專利消費品」。二十世紀中葉隨著殖民帝國的瓦解，王侯日子不再；新歐洲的面貌，才開始殘破不堪。在塞納河畔，遊民與聖母大教堂並存；舊歐洲與新歐洲，始終如魅影歌聲般糾纏交結。

我舉一個與酒有關有趣的例子，談歐洲榮耀的不了情。一九七〇年代之前，歐洲人始終相信「佳釀」一定得來自舊世界；法國人不但對美國加州納帕（Napa）的葡萄酒嗤之以鼻，甚至高傲到毫不在乎地參與一場準備把美國人的白酒踢到下水道的歐美英品酒大會。法國人一直相信，「世界上最好的葡萄酒一定來自法國」。在一個魔力打造的國度，這裡誕生了眾多的釀酒天才，累積數百年的經驗；迷醉的酒釀世界中，法國人是永遠的主宰者。

一九七六年巴黎品酒會上，一場由英國人舉辦有點逗趣的賞酒大會，加州納帕的紅白酒，竟打敗了法國。《時代雜誌》駐巴黎記者嚇一跳，寫下了影響深遠的報導，「上週在巴黎，……加州人打敗高盧人。」法國人大怒，破口罵評審及辦法皆不公。十年後一九八六年，歐美再比一次，竟然還是加州納帕酒獲勝，名列一、二；法國紅酒只分據三、四、五名。

歐洲的盛宴一延再延，正如他們的晚餐，夜間九點起宴，凌晨才散席。如今一切景象皆揭露愈來愈赤裸裸的答案，**Party is over**。屬於歐洲的榮耀，只能停留歷史。過去從世界經濟中獲取不成比例的好處，如今歐洲人只能認知那王侯般的生活，史無前例的社會福利水平；只是歐洲長期剝削殖民地換來的優勢。

風華早該冰消瓦解。

聲望卓越的西方哲學家柏林（Isaiah Berlin）曾為二十世紀作了一個總結：「我的一生……歷經二十世紀，卻不曾遭遇個人苦難。然而在我的記憶之中，它卻是西方史上最可怕的一個世紀。」

多麼歐洲的觀點；東方人聽了刺耳。只想告訴歐洲人，你們的磨難尚未完成；如果歐洲不走出王侯破滅的夢幻，歐洲還有更大的苦難。

歐洲白人，好命太久了。

二〇一一年六月六日

西歐的河水總是閃耀著光芒。白天是上天金黃天空的許諾，晚間古堡夜燈的倒影。
富裕了十代，他們終得面對歐洲沒落的真相。
圖片來源／鄒世烈

帝國遺夢

一九四五年，二次大戰結束。倫敦街頭短暫的狂歡之後，英國人突然發現，大英帝國「消失了」！英國正式從帝國的階梯走下來，世界上所有日照的土地，只剩下孤獨的英倫三島，屬於英國。太陽早上在窄小的英倫土地崛起，下午也在倫敦西下；英國從此正如所有平凡的國家，眼看夕照、眼看日出。倫敦著名的霧雨在歐戰結束之刻，連續籠罩倫敦近一個月；英國過往輝煌的歷史被擋在泰晤士河口，幫助英國人往前不用看清；往後也勿須回首。

倫敦的紳士，撐起了黑傘，在一個向來沒什麼色彩的城市，日子像往常一般打發。儘管每個人都心知肚明，大英帝國已滅了，但沒人想開口說破它。歷史的蒼涼來地那麼快，但活在歷史中的子民心理上還沒真正準備好。直到一九七〇年代，英國一個名叫庫倫的喜劇演員，才在舞台上嘲弄「一無所有」的英倫帝國。他穿著一身百慕達總督的制服走上舞台，告訴觀眾，「哦，這是我父親從小留給我的指望，」「只要我學好當地的土話，我隨時可以上任。」接著他秀了一長串的百慕達土話，庫倫顯然有著極好的音樂天賦，他把土話串成一些押韻的辭彙，有點像今日的Hip Hop饒舌歌，中間穿插著詠嘆大英帝國的歌曲；並不時於舞台上以單腳下跪向女王呈報「殖民地」對英國王室的景仰。終場，庫倫以百慕達空中神祕的空難漩渦區為獻禮，稟呈女王，「我們願意以女王之命，將風暴區命名為Queen's Cloud，做為大英帝國最靠近太陽，也無人能剝奪的統治之地。」庫倫的舞台演出於七〇年代倫敦，掀起旋風；它受歡迎的程度，使BBC多次現場轉播。

最新的壞消息，BBC銷毀了多數庫倫的錄音帶。因為大英帝國滅亡已沒什麼好嘲笑；這是人人都知道的實情。二〇一一年的英國人，再聽庫倫的舞台廣播劇，只當他是個瘋子。

庫倫的故事反應歷史與人性的落差。原來帝國的殞落，是那麼一瞬間；反倒人們心理真要認清，卻得等上長長的一段時日；得有個像庫倫這類人物，適時適地以巧妙的手法，赤裸裸「開出第一槍」；帝國的子民先在心頭上折騰一番，再跟著喜劇劇情會心大笑；不是嗎？終於承認了，日不落大英，早就滅了。

接替大英帝國，下一個得步下台階的帝國美國，要承認自己「下行停滯」，就更難了。二〇一一年中國外匯存底破三兆美元，世界第一。但它的意義很大嗎？一點也不。換一個數字閱讀，二〇〇七年底美國國債十兆美元，負債世界第二；過了二〇〇八年金融海嘯，美國亂印鈔票三年，二〇一一年美國國債已暴增至十五兆美元。三年間，增加五兆負債；抵不上中國民工勤苦積累攢存三十年的血汗錢三兆美元。根據二〇一〇年美國金融雜誌統計，美國人民雖然仍是全球人均GDP最高的國家之一，人均四萬七千七百零二美元，比日本三萬三千四百七十八美元高出一萬多，比韓國人均二萬高出二倍半，比台灣高出近三倍；但美國這個國家，早窮得快脫褲子，它是世界第一大負債國；負債高達十五兆美元，平均每個美國人負債一百四十八萬台幣。美國持有最大股東身分的IMF，二〇一一年四月正式點明這個長期操控全球金融的「富國」，它的負債已嚴重影響全球經濟。IMF如果不是受挾於美國，可能說出更難聽的話：美國的負債，已

英國皇室悄悄地為大英帝國保留了
最後一個角落的假性繁華。
圖片來源／視覺中國

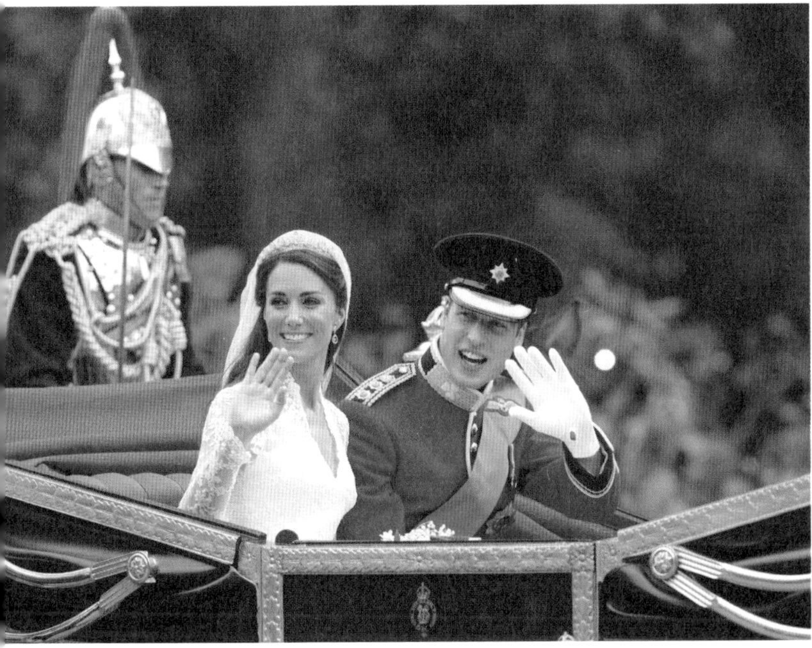

使美元不配位居世界貨幣的地位。

主管香港金管的前財神爺任志剛，二〇一一年三月底至台北。過去只膜拜美元的港人揪著廣東音公開演講嘲諷美元：「過去世界金融靠著兩條肥腿，一條美元，一條歐元。現在兩個大肥腿，都走不動了。尤其美元，腿皮裡面根本只是灌滿了空氣，腿內的肉早全被吃光了；如果這條大肥腿的名字不叫美元，它早就倒了。」

二〇一一年G20大會，輪值法國主辦。會前會先在中國南京紫金山莊召開，法、中、亞、俄、南非全場一致抨擊美元，挑戰它一九四四年起的世界貨幣地位。美國財政部長蓋特納一人獨戰群雄，滔滔不絕，他表面上承諾美國會降低赤字，承認美元的缺失，並同意IMF的國際儲備資產SDR（特別提款權），可納入更多其他國家的貨幣；但另一方面他黠詰地提出資本自由流通、獨立央行，及不操控匯率等三大前提要件。

整場會議蓋納特不自覺得扮演起英國喜劇演員庫倫的角色，他坦承美元的錯誤後告訴大家：美國會降低赤字！語畢，全場哄堂大笑。蓋納特沒有庫倫坦率，因為他發言的同一時間美國共和黨掌控的眾議院，正與歐巴馬為砍預算赤字拔河演了持續六個月的預算肥皂劇。直至倒數最後一小時，才達成協議；避免了美國政府關門。否則不只全球堂堂美國大使館簽證停擺，全美黃石公園、優勝美地國家公園及大都會博物館關門，連白宮掃地的工友都拿不到錢。更可笑的阿富汗、伊拉克、利比亞為美國出兵賣命的阿兵哥也領不到薪水，CIA也得全部暫停情報業務。

莎士比亞一定恨自己早生了近四百年，否則他的「To be or not to be」，劇本更豐富好笑了。人的靈魂不只是在魔鬼與上帝間拔河，還得在美元與美國政府的胡鬧中拔河。

美國人在一九四四年規定全球，從此各國只要持有美元，勿須保存黃金。一九四八至一九四九年之間，蔣介石陸續從大陸、全球共分七趟運走了全中國國庫九十九%的黃金。一九五〇年代貧困的台灣，靠著這批從大陸「半偷半搶」的黃金先度過了慘澹歲月，接著韓戰爆發，美援才接踵而至。當時美國人最常幹的事之一，便是對這些接受美國援助的國家進行黃金儲備檢查；中央銀行確定有多少黃金，才能印多少台幣鈔票。

美國對別人那麼嚴格，誤導全球都相信美元也將以高標準嚴以律己。各國外匯存底半個世紀以來，皆相信美元，以其為外匯儲備貨幣，並以購買美國公債藉以平衡與美國之間的貿易順差。

每個人都怕人民幣成廢紙，人人都愛美元。誰也沒料到二〇〇八年至今，美元兌世界主要貨幣已貶值近十七％。黃金近日已漲至逼近一千四百九十美元一盎司，人類沒見過的天價，比一九八〇年漲了七倍。有一半專家說，明年美國若升息，美元會重回漲勢；另一半專家則直言，百年一遇的金融海嘯後，美元「回不去了」。自由女神還站在港口，美鈔的華盛頓肖像斯人也依舊，但華爾街詐欺型的 CDO 災難與無盡揮霍享樂之後，美國必須面對當年大英帝國相同的殘酷事實；美國，回不去了。

過去一百年，美國有一半白人們始終活在綠草如茵、奔馳汽車夢的輝煌人生；二〇〇八年後那個如茵的回憶，已漸漸被美國自己國內各種金錢競逐、貪婪、絕望所撕裂。美國雖不致走上立刻土崩瓦解之路，卻已像一家負債累累的超級大當鋪。

二十世紀那個象徵免於戰爭、永遠自由富裕、安逸家園的新大陸天堂，如今漸徒留歷史回憶。美國美好的時光，已被迫轉折。只是無人知曉，未來多久，那一天，這個橫亙二十世紀的偉大帝國，也將蒼涼地走下階梯。

二〇一一年四月十八日

黃金的天堂與地獄

金價升至紀錄高點，而且買家已由索羅斯等投機客，轉手至第三世界央行。

根據國際黃金協會統計，全球各大央行已連續兩季由賣家擔綱為黃金淨買家，主要央行包括墨西哥、泰國、韓國、俄羅斯與日本。過去三個月，世界上產出的金礦其實增加七％，但全球黃金價格一週內即大漲一百零七美元。

理由只因各國恐慌我們手中的鈔票，尤其歐元瞬間可能成廢紙，美元睡幾覺醒來，即減值了十％。

金條不能吃，不會生利息；正常生態只有結婚嫁娶或生子生女時，打個金牌討吉利。但對逃難的人，黃金代表的是人生惟一的依靠。

歷經一九四九大遷徙的難民，永遠不會忘記每個難民身上總是藏著賣盡家產變現的黃金；那是整個家族給生命突圍者，最後的祝福。

黎智英曾經告訴我一個動人的黃金故事。十二歲他堅持離開家鄉闖關澳門；流著淚的媽媽最終忍痛答應，慈愛的母親在他褲腳邊以針線縫藏了一條金鍊子。那是一個沒有飯吃的家，給鍾愛的兒子最後的倚靠。黎智英離開廣州進澳門排隊入關前，發現前頭正有個人號啕大哭；問怎麼回事，才知身上藏了金鍊，給澳門海關逮著了；下令遣返廣州。陌生人淒厲的哭聲聽在黎智英的耳朵裡象徵了警惕，於是，趁著關口沒人注意，黎智英手進褲袋，用力戳破媽媽縫牢的金鍊；金鍊子先掉泥裡，黎智英機警地在泥地上踢出小洞，不動聲色的把金鍊子埋進土裡。黎智英說，那一刻，捨棄金鍊的他，感覺自己真正長大了。

而當年讓黎智英扔掉的黃金，如今成了全球散戶、熱錢、央行共同逐鹿的對象。黎智英必須捨了母親的金鍊，才能改寫人生；而世界各國央行，正好相反；他們必須捨棄對西方貨幣的迷戀，不畏風險地擁抱歷史新高價的黃金，才能保住辛苦積累的外匯存底。

各國央行已認清美元只能再重玩一九八七及二〇〇二年貶值的遊戲，美國才能還債；至於歐債呢？至少二〇一三年九月德國大選之前，不可能找到解決方案。歐元去年債務危機剛發生，「歐元之父」孟岱爾只把它當加州破產般的小事件。如今從孟岱爾、義大利央行行長馬利奧·德拉吉、至投資巨鱷索羅斯、英美一堆經濟學大師皆一致認定除非歐洲發行共同債券，否則歐元區遲早崩潰。

但歐洲債券只要核心國德國不點頭，即無發行可能性。德國人有一部份已認定十年後，歐元將消失；有一部份人判斷了不起把西葡愛趕出歐元區；有一部份人則做不了決定。德國多數人只想享受歐元區的好處，不願承擔窮鄰居的累贅，原因也非常理直氣壯。德國人得勤奮工作至少八小時，至六十七歲才退休；那些歐洲之豬一週工作不到三十小時，五十五歲即退休。德國連懶惰的兒子都不養，為何出錢給八千哩路外既窮、又懶、又詐騙入歐元區的窮鄰居呢？

歐洲可以自己持續辯論，美元可以貶值「賴帳」；但第三世界央行多數已不想當傻子，開始遠離美歐貨幣買入黃金，至少它不會莫名蒸發了！根據資料，全球央行已積累約十兆美元外匯儲備，這十兆儲備幾乎皆以美元或歐元形式持有。現在連最親美的日本，八月已減持美債，由九千一百二十四億美元，減持至九千一百一十億。他們決定把美債留給下一個傻子；那個答案，可能是中國，或台灣。

與地球上其他礦物不同，自古至今挖出來了的黃金，幾乎都還留著；有學者統計若把全球黃金全聚集起來，只需一艘大型郵輪，連航空母艦都派不上用場。全球黃金總量大約僅十二萬五千噸，換算成今日價格才五兆美元；但全球外匯儲備的歐元美元，卻高達十兆。這兩個數字一比，支持「黃金盛世」也就是黃金還會再漲的人便說，真正泡沫化的先是歐元，其次是美元；黃金若出現泡沫，還排在這兩個打腫臉充胖子的「貨幣紙鈔」後面。

哥倫布第一次至美洲探險時曾說，「人若有黃金，可以幫他上天堂」。他無法預知數百年後，當地會出現世界上超強的帝國；而它印的鈔票「美元」，人若擁有太多，「可以幫他下地獄」。

二〇一一年八月十九日

黃金，黃金，我愛你！

二〇一一年九月，黃金又攀升至一千九百美元價位附近。對即時擁有黃金的人，如今它像一道彩虹，幸福地彰顯財富；對始終拒絕黃金擁有貨幣的人，尤其是歐元持有者，黃金每攀升一百美元，就代表新一輪的詛咒。

原來我們所擁有的，不過是紙鈔，不是真正的財富。

黃金在人類史上，始終擁有屹立不搖的地位。黃金最強盛時期始於維多利亞女王時代，金本位的貨幣政策使全球掀起了淘金熱。十九世紀，地球上多數冒險家，皆以淘金為最大的目標；而且成者為王，敗者為寇。

我羅東的曾祖父陳純精對羅東發展固然有著極大貢獻，至今羅東舊公園仍存放他的銅像；羅東最筆直的馬路之一，也以其名命之「純精路」。他身後不留太多財產給後代，反將大批土地捐給政府。我的曾祖母據說總坐大廳裡，告誡子女，這個家留給你們的，是世人的尊敬與風範，而不是有形的龐大財富。如果我的曾祖父生前惟一曾為自己做的貪婪大賭注，即是在金瓜石挖黃金。

我的曾祖父陳純精對羅東發展有著極大貢獻，他是台灣第一代的裸捐者，也是淘金客。
圖片來源／陳文茜

數年前我至金瓜石，路經曾祖父曾擲金的痕跡之地，洗滌金礦的泉池，一層又一層，看起來像人生一段又一段的陷落；人站高山頂上望下去，海一半藍，一半紅；當地人稱陰陽海。海面奇景即是當年淘金後的礦物質留下的沉澱物，它不只改變了海水的顏色，也改變了許多人的命運。

曾祖父斷氣前，曾告訴最小的女兒，家裡大片土地已捐給羅東，而他原存的現金，因金瓜石淘金失敗已所剩無幾。他要姑婆記住這個教訓，人生不要迷惑金錢，尤其黃金，它可以讓你贏得一切，也可以使你失去一切。

我的曾祖父只是十九世紀淘金熱的一個小點；那個世紀的淘金熱潮襲捲加州、加拿大、澳洲、阿拉斯加及南非……

一八四八年加州發現黃金時，沒有電報、電話，消息傳得很慢。但到了一八五三年，已有超過十萬人湧入加州，其中包括兩萬名華工。這些華工在廣東被英法洋人半招半騙，帶著淘金夢，遠渡重洋，踏上一個雜草叢生之地。根據第一個發現加州蘊藏黃金的地主約翰・薩特（Johann Sutter）四十年後回憶，他剛踏上加州時滿山野鹿、野狼、麋鹿，他等先鳴槍嚇走了這些動物，才落腳下來。一步步開墾，七年後方成一塊可供人居住的薩特磨坊。本來他只想開個工房、製毯廠及鋸木廠，沒想有一天鋸木廠技師馬歇爾神祕地出現於辦公室，要求單獨見他，並立刻關上門。馬歇爾從褲袋裡掏出一團布，把布掀開，裡頭是亮澄澄的金泥；馬歇爾說：「老闆，我相信我們無意中，在山上找到了黃金。」

薩特聽到這個消息，並沒有雀躍，反而心中頓生禍害之念。他原是瑞士人，由於欠債面臨牢獄，一路逃至聖塔非這一帶。他開墾了許久，但並不擁有土地合法權；他只是一個假的墨西哥公民。果然幾個月後，舊金山滿街傳遍了薩特磨坊山上藏金的消息；全城為之瘋狂！瘋到什麼地步呢？連學校皆關門大吉，老師、學生、小孩、校長都跑上山淘金。薩特的家園瞬間被一塊一塊占領，任何人皆可踐踏入侵，因為「黃金遠高於王法」，更甭說高於道德。

十九世紀另一波淘金熱發生於澳洲，這裡本是英國遣送重大犯罪者的流放之地。但一八五一年二月二十一日，一名當地嚮導帶著英國「肥胖憨厚」的下層人物哈格雷夫騎馬至麥克利河（Macquarie River），突然發現河床底下遍是黃金。五個淘鍋浸於河裡，至少有四個可淘出砂金。正如同舊金山北半球另一端的故事，不到六個月，消息傳遍雪梨，人人陷入瘋狂狀態，五萬人湧入了麥克利河。故事還沒完！當二百五十三盎司第一批產自澳洲的黃金運抵倫敦時，四分之一英國人開始搶著買船票前往澳洲。於是一個原本罪犯的逐放地，翻身成了「黃金聖地」。澳洲總督不得不承認英國法律對這批人的懲罰，等於免費把他們送到了金庫。而挖到金礦的粗野罪犯，則得意地宣告，自己從此已是紳士；「過去你是什麼人並不重要，重要的是你現在是擁有黃金的人」。

十九世紀的淘金熱未必都是冒險成功的喜劇，甚至不只是金夢碎了的悲劇而已。當年許多金礦奴工，一大批來自貧困的中國。運氣好一點的被載到美國，即使這一代犧牲了，至少有個管道攢錢寄回家。澳洲發現金礦後，英國人相信鄰近的紐西蘭也埋藏著令人不能抵抗的黃金。於他們從廣東帶走了一批奴工，展開難以置信長涉航行之路，來到地球的最南端。奸詐的英國人為華工畫了一個大餅，帶著他們自米佛峽灣進入著名的皇后鎮（Queenstown），然後落腳於一旁的劍城（Arrow Town）。在那個離故鄉最遠的金礦之地，華工捎的信，寄回老家的錢全給老闆偷偷沒收了。問起老闆，「怎麼家裡全無回音？」英國老闆只搪塞他們，船程太遠，費用太高，家人因此沒寫回函。這些華人奴工每天早上五點起床，挖金礦至晚上八點；一星期工作六天，天冷地凍時也不能停工。惟一休息的一天呢？老闆美其名給他們點娛樂，開個賭場。許多華工在那個賭場，又輸掉了奴役換來的工資。一個感人的瓶中信故事早在當時發生，家鄉那麼遠，春夏秋冬時令皆顛倒了，是否家人和自己看的月亮，也不同了呢？一名華工想家想到瘋了，寫了一只歪歪斜斜信給家中老父老母，置於瓶中，丟入大海。想著汪洋浪淘，總有抵達故鄉的一天吧。工資盡擲賭場，這一生已回不去了；於是向著父母，向著自己想像中的故鄉方位，叩個頭，當晚跳了海。

而挖到金礦的老闆呢？據說主人的膳食不輸給英國伯爵。晚宴的開胃菜以日本磁盤盛裝，主菜搭著來自波爾多的紅酒。奢侈時，餐後還加根來自古巴哈瓦那的雪茄。紐西蘭劍城至今仍紀錄著這群奴工的故事，不過他們的觀點是「這些離鄉背井的華人，對劍城開發，有重大貢獻」。

黃金的魅力直至二次大戰後，全球放棄了金本位，改以美元作為世界貨幣後，才走下它歷史上最輝煌的時期。

但一九六五年，戴高樂已看出美元危機。一九六五年二月四日戴高樂在愛麗榭宮召開一場千名記者參與的記者招待會。他刻意挑了一間金碧輝煌的大廳，從椅子到牆壁到鏡框，無處不是鍍著金粉的裝飾。他提議重回金本位，而非「美元本位」的世界貨幣體系。戴高樂說：「美元擁有優越的地位，因為它曾經匯集了世界最多的黃金。如今，它已失去這種基礎。」

戴高樂說的是事實。一九四五年二戰結束時，美國擁有的黃金占全球七十五％；到了戴高樂發聲時，美國黃金儲量只占全球三十％以下；到二〇一〇年，降至十五％以下。

戴高樂是位掌握時代脈動的人，他歷史性的記者會後六天，法國開始領導歐洲各國，把新近累積的美元全部換成黃金。歐洲人倒底領導過世界，不像亞洲人呆呆的；他們不用等到尼克森一九七〇年宣佈美國撕毀一盎司兌三十五美元承諾前，已看出美元危機。

戴高樂曾想提出一個「黃金總匯」的概念，最終目的就是要讓美元貶值，並失去它單一領導的地位。他一心想恢復法國昔日的光榮，計劃一舉將黃金價格提高至七十美元水準，這樣法國就可大賺一筆。但戴高樂的夢來不及實現，一九六八年五月法國學生工人大暴動捲起了法國及歐洲史上一個新的時代；但同時相反地阻止戴高樂想終結的「美元舊時代」。

戴高樂最終將任期賭在一場憲法公投，結果失敗，辭職下台，終生未再踏進巴黎一步；直至他葬禮的一天。拖著他的黑色靈車進入香榭大道，總理季斯卡稱「這一天巴黎成了寡婦」，但也在這一天美元穩住它差一點失去的世界貨幣地位。

四十六年後，歐元、美元、日圓、瑞士法郎，這些不知是紙鈔還是貨幣的玩意兒，一一出了危機。瑞士法郎在我書寫此文這一天，大貶八％，因為過去一年它已對美元過度升值三十五％；這是瑞士經濟難以承受之重。

於是全球又重啟黃金熱；尤其歐債之中希臘已確定必將違約，問題只是何時？二〇一一年底？二〇一二年三月？甚至更快。八月三十一日希臘國會承認今年減赤方案已辦不到，第二季經濟衰退甚至負成長六．九％；比原歐洲央行估計負三％高出一倍多。義大利一見希臘下場，原八月五日承諾的減赤計劃，二十四天後八月二十九日總理貝魯斯科尼也喊剎車！因為義大利若依原計劃減赤，各地方政府瀕臨破產，總理的政治基礎「北方聯盟」也將全面垮台。

曾經繁華的歐洲，曾經逐夢的歐元，如今成了一個深不見底的黑洞。而那深不可測的災難洞底，躺著的正是我們今日回顧，永恆閃閃發光的黃金。

難怪古人這麼說著，在礦坑裡淘黃金，與進地獄裡賺外快，差別其實很小。

二〇一一年九月六日

戴高樂的黃金夢

世界上，誰是第一個質疑美元的國家領袖？

答案不是中國，不是蘇聯，更不是已然葬身海底的賓拉登。

他是戴高樂。

第二次世界大戰爆發後，大量黃金被運送至紐約。美國以每盎司三十五美元購置如金色雪崩（Golden Avalanche）般湧入的黃金。英國的局勢令人擔憂，不只美國成了世界難民惟一的避風港，紐約也成了黃金惟一安全的儲藏地。根據統計全球約有六十%黃金曾儲藏於九一一倒下雙子大廈不遠的聯儲黃金祕室。一九四四年布列頓森林協議，也順著這個勢，讓美元成為世界貨幣，美元以一盎司黃金等同三十五美元，向全球發行貨幣。

二次大戰的屠殺，使歐亞成為一片廢墟。根據紀錄，當時不只中國法幣，許多國家的貨幣都形同廢紙。在德國，人們寧可以雪茄或女人的絲襪換取貨品，沒有人敢收馬克。

但二十年後，歐日皆復甦了。一九六五年二月四日戴高樂在愛麗榭宮召開一場千名記者參與的記者招待會。他刻意挑了一間金碧輝煌的大廳，從椅子到牆壁到鏡框，無處不是鍍著金粉的裝飾。他提議重回金本位，而非「美元本位」的世界貨幣體系。戴高樂說：「美元擁有優越的地位，因為它曾經匯集了世界最多的黃金。如今，它已失去這種基礎。」

戴高樂說的是事實。一九四五年二戰結束時，美國擁有的黃金占全球七十五％；到了戴高樂發聲時，美國黃金儲量只占全球三十％以下；到二〇一〇年，降至十五％以下。

戴高樂是位掌握時代脈動的人，他歷史性的記者會後六天，法國開始領導歐洲各國，把新近累積的美元全部換成黃金。這也是為什麼國際黃金協會統計中，德、法、奧、葡、甚至希臘等國二〇一一年外匯存底七十％以上皆為黃金儲備；相反的，亞洲各國外匯存底黃金台灣只占五％，日本三．五％，中國一．六％，巴西更低僅〇．五％。

戴高樂曾經想提出一個「黃金總匯」的概念，最終目的就是要讓美元貶值，並失去它單一領導的地位。他一心想恢復法國昔日的光榮，計劃一舉將黃金價格提高至七十美元水準，這樣法國就可大賺一筆。因為，法國是美國以外，擁有最多黃金的國家。但戴高樂的夢來不及實現，一九六八年五月法國學生工人大暴動捲起了法國及歐洲史上一個新的時代；但同時相反地阻止戴高樂想終結的「美元舊時代」。

美元正式於一九七〇年八月十五日星期天片面宣佈脫離金本位，尼克森於電視上發表演說，黃金的價格從此成了脫韁野馬。第二天，東京股市陷入恐慌，一位美國人在巴黎拿一元美鈔想買麵包，店員告訴他：「一美元，現在已不值一條麵包了。」一九七二年，黃金初始只小漲至四十三至四十四美元之間，年底漲至六十四美元，到了一九七三年，金價衝破一百美元。時光再往後推進至一九八〇年，美國人印了更多鈔票發債，黃金在元月一號已達六百三十四美元，接著不到十天飆漲攻上八百二十美元。紐約一家黃金交易員如醉如痴，他說自己恨不得把發燙的黃金壓上自己的手掌，見證這場黃金熱。

一九八一年一月二十一日，蘇聯入侵阿富汗，黃金創下八百五十美元的歷史新高。距離戴高樂的記者會不過十五年，價格竟然相差近二十五倍。這是現代史上第一場瘋狂的黃金戰。與此次不同，美國當時雖窮，債務不到今日十分之一，於是卡特總統宣佈「不惜付出任何代價，維護美元地位」。結果市場立刻一百八十度逆轉，隔一天，黃金重挫一百四十五美元，至一九八五年降至三百美元；至一九九七年，黃金始終維持三百美元以下。

然而歷史從來不會只上演一遍。從二〇一〇年起，黃金又重登世界舞台。二〇一一年八月黃金先挑戰了一千九百美元天價，接著連續兩天大幅回落，下跌一百五十美元。但不過兩天又一路從一七六二低點，上升至一七八九．三美元。

此次黃金熱其實並非歷史最高價，一九八一年阿富汗戰爭的黃金價格若以今日通膨指數調整，當時的八百五十美元，等於今日二千五百美元。其次此次黃金買家，加入了許多亞洲央行，中國、韓國、墨西哥、泰國……紛紛在低檔時下場承接。

當歐元區崩潰愈來愈緊迫，歐元貶值已近在眼前，那逃難的黃金，戴高樂念念不忘的黃金，成了惟一保障。歐元之父孟岱爾於一九九七年尚未獲得諾貝爾獎時，曾無心的預言：「二十一世紀，黃金將在國際貨幣體系中重新扮演重要角色。」他說當美元、歐元及日圓全出問題時，「黃金」將在混亂局面中，扮演最後屏障。

他說的是現在？二〇一二？或者二〇一三？我無法回答。我只知道，那個戴高樂的黃金夢，真的降臨了。

二〇一一年八月二十六日

戴高樂是世界上第一個質疑美元的領袖，
可惜他的遠見因一九六八學潮失敗了。
圖片來源／視覺中國

悼念我的偶像布洛克

「親愛的爸爸，告訴我，歷史有什麼用？」

這句話是年鑑學派創始人布洛克（Marc Bloch）在其史學經典作品「史家的技藝」導言第一句首語；也是他英雄式般人生死亡，畢生追尋不可得的疑問。布洛克生於一八八六年，歿於一九四四年。法國兩次大戰，他都投入戰場。那是歐洲歷史崩垮的一代，歷史一再出賣人類，深陷泥淖的史學家只能改以槍桿，而不是筆桿，回答一個天真小孩對歷史率真的疑問。一次大戰時布洛克還算年輕，出生入死，那一次的戰爭他倖存了；歷史也暫時找到了答案；布洛克回到史特拉斯堡大學教授中古史。十七年無戰事期間，法國從戰敗德國獲得不合理天文數字的賠償金額，戰後很快的復甦。有一個與布洛克終身擦身而過的天才設計師，香奈兒（Coco Chanel）藉由法國短暫的「美好時光」奠定了她一整個世紀的榮耀。而悲劇正在法國以外地區蔓延，一九一八年戰敗後，德國困頓不堪。歐洲版圖重新劃分，舊俄沙皇、哈布斯王朝、鄂圖曼三帝國均告瓦解。美國總統威爾遜依他率真的「民族自決」原則，將這些區域劃成好幾個國家；從此柔腸寸斷的歐洲衝突延綿持續至九〇年代。一次戰後協定的凡爾賽合約之孽，孽及世界竟至少近七十年。前奧國的斯洛維尼亞、前匈牙利的克羅埃西亞，還有一些小牧民國家與塞爾維亞，依美國主張湊成了南斯拉夫。一九九〇年代巴爾幹之屠殺、科索沃之戰事，皆肇因威爾遜之天真與胡鬧。因此若要問歷史有什麼用？在巴爾幹這塊土地上，歷史是劊子手。

歷史同時也是出賣者。布洛克於一戰結束後重拾學術工作，一股腦投入「中古史」研究。一九三七年大蕭條已持續八年，美國國會以為景氣好了，「新政」該結束了，決定緊縮赤字平衡預算；結果全球再度陷入二次衰退。一九三七年華爾街再度崩盤那一次，沒聽說什麼人跳樓，只知道希特勒決定揮軍波蘭，日本大軍直搗上海；二次大戰砲響起，歐亞死傷數千萬人。此時的布洛克放下學術工作，以五十三歲高齡，等於我現在的年紀，投入前線作戰。法國戰敗前夕，他一方面含淚寫下《不可思議之潰敗》，一方面相問他的同袍，「歷史是不是出賣了我們？」布洛克既是反納粹的著名史學家又是猶太人，他有一切的理由離開法國；但他沒有選擇這麼做。我二十八歲第一次閱讀布洛克作品與人生時，即驚懼於他的執著與勇敢。我身邊的美國朋友迷戀的偶像總是古巴革命英雄切．格瓦拉（Che Guevara），一窩蜂的，像今日陶醉女神卡卡（Lady Gaga）。我從年輕起始心目中的偶像，至今仍是布洛克。一九四三年德軍南下控制全法，布洛克選擇加入地下反抗軍；一個五十三歲的國際史學家，多麼不可思議！一九四四年春天布洛克被捕，獄中他受盡酷刑；六月盟軍已登陸諾曼地，但一代史學家等不到納粹全然潰決，一九四四年六月十六日布洛克在里昂被槍決。臨刑前站在布洛克身旁，一位年僅十六歲的少年顫抖著，低聲問他：「會痛嗎？」布洛克伸出手，攬著他的肩膀，輕聲地說：「不會的，一點也不痛。」

我在美國新社會學院研究所（New School）讀書時，老師幾乎都是歐洲年鑑學派，也多是猶太人。說起布洛克的故事，沒有人只在上課，也沒有人僅僅是在授課。布洛克與死前徬徨的十六歲青年對話，好似站在我們的眼前。錯覺之間，我們也親臨了刑場，聽聞那一段低聲的最後道別。「會痛嗎？」「不會的，一點也不痛。」

當天上完課，依例搭地鐵回布魯克林的家。地鐵列車一站一站停留，像歷史的短暫停格，然後載著乘客前往知名或不知名的下一站。每一次停留，都只是片刻；每一個啟動，都是新的拋棄。列車速度把紐約地下鐵道滿牆的塗鴉，成了動畫，它動了，於是最誇張、最殘暴的圖樣以飛快的速度在我的眼前演出，但還來不及辨識，剎那間我又已失去了它們。

地鐵，重回黑暗。

歷史不是有什麼用，而是它總出其不意地來，然後無聲無息窒息般地籠罩著你；歷史是一個永不斷絕的複製品。我在美國新社會學院研究所求學時閱讀布洛克那一代歷經的經濟大恐慌歷史，以為只是進入了六十年前的往事；從來沒有想到那些數字的點點滴滴，在二〇〇八年之後，再度成了我必須熟背的經濟史。大蕭條對世界深遠的影響，其實遠比一次大戰傷還大，還深。一九二九年十月二十九日大崩盤的經濟激變，等同資本世界的全面解體。全球每一塊土地，工業生產大國，農業生產小國，絲襪供應地，咖啡、棉花、白糖、橡膠、蠶絲種植國，皆一敗塗地。大蕭條在歷史怎麼開始的，知道的人多；怎麼結束的，知道的人少。它共持續了整整十三年，並於一九三七年看似復甦八年後，二度衰退。這是今日二〇一一年六月全球經濟關切的焦點，我們是否又活回一九三七年魅影下？全球是否二次探底？

大蕭條十三年期間，除了一九三七年後引爆二次大戰外，一切皆與今日像極了。全球牢牢地被掌握於惡性循環的「完美風暴」中。任何一個環節經濟指數出現滑落，其他指數便跟著走向惡化。大蕭條最嚴重時期（一九二九年至一九三三年），英國比利時失業人口約為百分之二十二與二十三，瑞典百分之二十四，美國百分之二十七，奧地利百分之二十九，挪威百分之三十一，德國高達百分之四十四。於是納粹主義在如此可怕的經濟災難中崛起，使希特勒從一個「我的奮鬥」暢銷作家，躍升為第二大黨黨主席，再一步步接掌德國政局。倫敦泰晤士報一九三〇年寫下社論，「失業，僅次於戰爭，是我們這一代蔓延最廣的惡疾。」泰晤士報沒有料及的是：失業，本身就會帶來戰爭。

在一九三〇至一九三一兩年間，歐洲十二國政權改朝換代，激進右派全面崛起。而當年的拉丁美洲，則演出今日北非中東茉莉花革命的戲劇性政變。各南美國家財政皆破產，阿根廷進入軍政府時期；智利推翻獨裁總統成立社會主義共和國；巴西，大蕭條結束了統治長達四十年之久的「老共和」，民粹領袖瓦加斯上台。

大蕭條的發動者，美國，當時工業生產量已高占全球百分之四十二，英法德三大國總加不過只占區區百分之二十八。美國一倒，短短數月，世界從日本到愛爾蘭，從瑞典到紐西蘭，從阿根廷到埃及，皆掀起政治大波瀾；其中最可怕的是法西斯路線變成世界性的運動。人類在經濟絕望之際，竟走上擁抱毀滅、種族仇恨的惡行；史家面對奧許維茲集中營，只能啞然無語。歷史，在那個當下，成了一個無法言語的啞口。

這或許是布洛克五十三歲還上戰場的原因吧！一個史學家衷心信賴的人類文明，全然崩解。筆，已解決不了他的痛；他必須上戰場，搏上一天又一天的性命，換回「史家的技藝」。當自由文明已解體；

歷史，有什麼用處呢？

書寫悼念布洛克，正值他死亡六十七週年（一九四四年六月十六日）。他槍決前的聲音彷彿又出現我的耳邊，「不痛，別怕。」在諾曼地的一個花園裡，他死前四年曾思索一個問題：「難道歷史已出賣了我們？」歷史證明當時的大浩劫及苦難，孕育了後代傑出的經濟學家，伯南克、孟岱爾、斯蒂格里茲、英國前首相布朗……。在七十九年後類似的大蕭條，歷史告訴了他們些許答案；也使歐洲極右勢力雖仍崛起，但再也沒有瘋狂的納粹，再也沒有東方日本軍國主義。

歷史並未全然出賣了我們。

二〇一一年六月十三日

一個廢墟，兩個中國

歷史如戲。往往一只寬寬窄窄的舞台，就道盡歷代世紀滄桑，留下無盡世間悲劇。可惜我們只會看戲，不會看歷史，我們的人生太短，歷史卻太長，我們或任何當代之人始終學不會以歷史的縱深，觀當下，或預知未來；也因此始終分不清許多事件在歷史中的意義。

惟一的例外，是現代中國的領導菁英。

二〇一一年一月二十日，是中國歷史上的一天。這一天，中國國家統計局公佈二〇一〇GDP數據，中國GDP總值十六兆美元，正式超越日本，成為全球第二大經濟體。自一八九五年甲午戰敗後，這是史上第一次，中國人超越了日本。一百一十五年的歷史巨輪，在中日關係上，代表太多屈辱、屠殺、毀滅、戰爭、家破人亡……各種類型符號至今未歇。按理說，中國官方至少應在南京，或那個長城關口放點煙火；但中國國家統計局的反應，卻異常冷靜謹慎。官方只發表三點聲明：

一、這是三十年改革開放的成果；

二、這只是量的總和，中國的高GDP是靠高耗能、低工資換取而來；無論國家的生態、民工的血汗都為此付出驚人的代價；因此量上中國超越了日本，值方面比不上，中國經濟結構仍有待提升；

三、中國人口高達十三億，以GDP總量固是世界第二大，但以人均GDP換算只有三千美元，全球百名都排不上。

一月二十日中國國家統計局公佈此數據之日，也正是胡錦濤訪美的最後一天。僅管歐巴馬以G2最高國宴款待，胡錦濤仍絕口不提中國今日之成就。無論國內或國外不約而同，唱的都是同一齣低調之戲。許多人不了解中國領導者的心態，是的，中國正在崛起，但它小心翼翼地不與任何大國正面衝突，幾代領導者深記鄧小平遺訓；中國要崛起，就不能與任何大國正面衝突，中國在國際政治上必須記住保持一件事：低調。

相較於台灣「中華民國建國百年」的歡樂煙火與中共建政六十年的紀念儀式，可以看出兩岸領導菁英面對歷史巨大的差異。中國建政六十年（二〇〇九年），不喧譁「共產建設」之偉大，執旗的士兵揮起五星旗，踩得是一百六十九個步伐。這一年的中國，是從鴉片戰爭那一年算起的；這一刻的北京天安門，牢牢記住他們離海淀圓明園廢墟，不過幾十公里遠。

另一個呈現中國歷史態度的是關於圓明園遺址的決策。二〇〇五年北京翻天覆地拆遷老胡同、舊民房，興建鳥巢、水立方之時，該不該重建圓明園，又成了巨大的辯論。最終北京市府決定維持二〇〇〇年已定的方案，這裡將做為中國人永久國恥印記的「遺址公園」，這一片面積四五八．九公頃的舊物，要讓世代中國人永久憑弔，謹記十九至二十世紀，被列強燒殺搶姦的中國。

北京領導者要人民看到的，不只是一個廢墟；它是一部獨特的紀

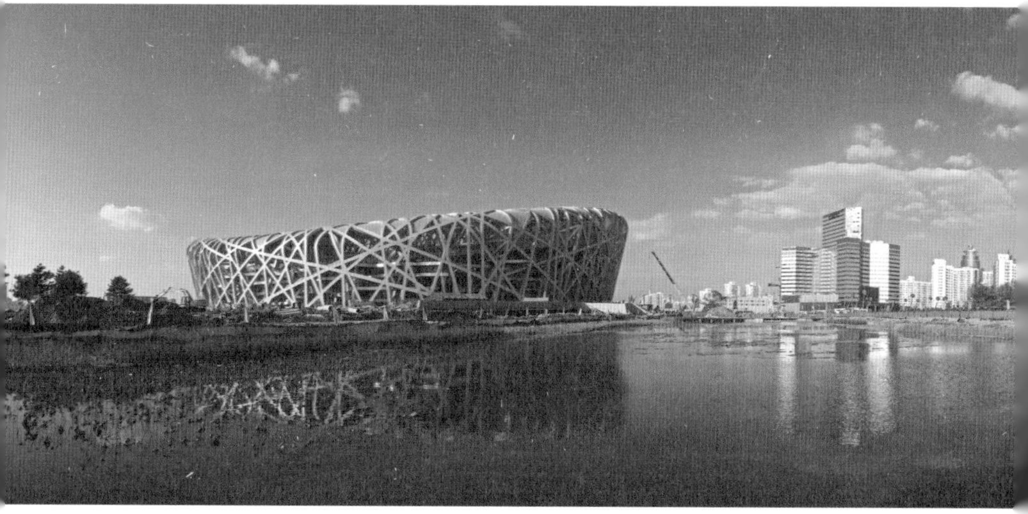

一月二十日中國國家統計局公佈中國為世界第二大 GDP 國家時，也正是胡錦濤訪美的最後一天。儘管歐巴馬以 G2 最高國宴款待，胡錦濤仍絕口不提中國今日之成就。
圖片來源／視覺中國

錄片；一齣最滄涼的戲；也是一面最重要的鏡子。

在北京我常遇著兩種發跡的人，一種是忘了鏡子的人，金錶名車十足炫耀，首善行善送錢都得紅花花紙鈔擺在舞台，或直升機上塗個「趙本山」，惟恐人不知；另一種，譬如潘石屹，他常常睡覺初醒還沒全回神，第一個反應竟是害怕沒飯吃，下分鐘清醒些才想起：「哦，我現在已是個百億富翁了。」他用一個可愛的比喻和我聊天，他的靈魂有一半仍住著窮鬼，另一半才是今日發財的他。來台灣第一次，跟著大訪問團，結果機場擠了百名記者，燈光閃閃，嚇著他問我怎麼回事？我一下子沒法清楚回答，就打笑地說：「你現在享受的是章子怡的待遇。」他從此明白「章子怡」日子不好過。第二回在台灣見朋友，低調搭著小黃計程車、四處見風景。他寫的自傳書籍《童年的糖是甜的》，對年幼時的苦從不忘懷；至今的他仍常回甘肅天水家鄉，據說專事幫忙當地學校修廁所，「管屁股」；因為當地衛生條件太差了，許多女童不到十二、三歲，染病被迫割除了子宮。一個不能生育的中國鄉下女子，等於不能買賣或生產的牛羊，家人往往就把她們給放棄了；潘石屹想幫助這些女孩，至少有條件當個健康的媽媽。

當代中國面對歷史與台灣或美國，有著重大差異。他們不像猶太人至今仍四處追捕納粹戰犯，也不想提父親及自己年幼時期的文革迫害。四人幫已死，毛澤東只剩個遺像，清朝也覆滅了。算帳，不能找回中國的公道；中國的公道得在歷史、在廢墟中靠自己重建。

西方近日一本極為暢銷的書籍《當中國統治世界》，開文不斷地提醒西方讀者，中國真正殞落是一八三〇年以後的事；在十九世紀之前，中國一直是全球GDP產值最高的國家，明末之前全球只有中國瓷人能生產精美的硬瓷、無與倫比的絲織品與英國貴族無法捨棄的茶。

其實我們許多人的歷史書是白唸的。我們只記得乾隆活了很久，也知道康雍乾三位皇帝皆為中國盛世時期。乾隆死於一七九九年，剛巧十八世紀的最後一年，他死後不到幾個月寵臣和珅下獄問斬。他死前六年在承德接見英國使節團，臨走前英國人在圓明園內向他展示最先進的加農砲。但愚蠢又傲慢的老皇帝毫無警覺，據說直到一八六〇年英法聯軍火燒圓明園時，那兩門加農砲依然安靜地被擺在圓明園內某棟建築物裡，與無數玉石、罐子、珐瑯器、鐘錶等各國貢品置放一處。在乾隆眼裡這些先進武器與音樂鐘等類似，只是個新鮮玩意。

圓明園從盛世中國興建到殞落中國，最終命定以廢墟面貌流傳百世。我的北京朋友們告訴我，這是當今每一個北京中學生必上的校外教學課程。一個廢墟，兩個中國。歷史不只是戲；北京領導者只要一、二環走兩回，等於看盡了好幾代的起伏。戲裡有如日中天的中國，有破落貧困列強焚燒的中國，有空喊口號的中國，有革別人的命也斷了自己命的中國，也有等了一百六十年才崛起的中國。

沉痛的一百六十九個步伐，北京踩地緊緊的；一個廢墟，兩個中國。這正是美國最怕也最敬畏中國的一面。

二〇一一年一月二十四日

圓明園從盛世中國興建到殞落中國，
最終命定以廢墟面貌流傳百世。
圖片來源／視覺中國

變臉中的中國經濟

這不只是一個國家下一個五年的經濟計劃。

這是一個處於瘋狂移動狀態的新浮世繪經濟藍圖。

「尋路中國」的作者何偉（Peter Hessler），如此描述白人眼中的中國，無論開工廠的、打工仔的、做胸罩的、拍連續劇的，每人、每年、每天都在趕路。全中國被一種莫名的快速力量驅動著，驚心動魄的變化在廣大的中國領土上，日日上演。此時溫州，下一刻新疆，再下輪迴重慶。中國惟一的寧靜只出現於媒體，因為它被官方牢牢掌控，這份「寧靜」的假相撫平也欺瞞了多數中國人，多年來度過驚濤駭浪的大事件。

二〇一一年三月五日，溫家寶公佈了新中國經濟藍圖。為了政治穩定，中國勢必得縮小貧富差距，於是大漲工資，不到一年已漲幅四十％以上；世界經濟史上少見的大膽分水嶺「經濟革命」。廉價代工的「世界工廠」，三十年黃金時代，正式結束。外國經濟學家與記者，還來不及搞清楚的「世界工廠」如何大遷徙；中國經濟模式已如川劇變臉般，走上新的道路。中國政府自己主動且大膽地為「黃金中國製造三十年」，劃下句點。

三十二年前一九七八年鄧小平宣佈「改革開放」，小平同志「讓一部份中國人先富起來」的模式，三十年後走不下去！溫家寶說話速度本來很慢，但三月五日他僅三十分鐘的談話，卻讓內行懂經濟的人，聽的每一字每一句，心驚膽跳。他要讓十三億的中國人都有飯吃。除了二〇一一年仍維持GDP八％成長外，中國將不再是地球上經濟成長速度最快的國家；二〇一二年起中國只追求七％成長率，印度將正式超越中國。未來中國，求的是質，而不是量的成長。

中國為什麼這麼做？中國沒有印度傳統的種姓體制幫它合理化國內的貧富差距；相反地，打著社會主義大旗，改革開放的路趕的越快，貧富差距的怨，發地越深。如今香港各大拍賣市場紅酒、藝術品、古董、珠寶……穿梭著大陸各省的大腕。前幾年山西煤老闆一舉牌，港台商人靠邊站；這兩年內蒙古挖到煤礦，鄂爾多斯來的「新興富商」昂頭走進拍賣場，誰也敵不了成吉思汗的後代。台灣古董名家蔡辰洋有回感慨自我解嘲笑著說：「頭幾回還坐最後一排參加舉牌，舉了兩次就不敢跟價了；後來乾脆不出席，省得丟臉。」

杭州西湖邊上，蘇堤式的流放美學也已遙不可及，賓利、法拉利、藍寶堅尼、保時捷……一家連著一家，誇張式地環繞著蘇東坡築建的文人淒美西湖。我有一回路經，正巧望見一身疲累的小攤販，就地躺在邊椅上小睡。髒舊的灰衣裳，與華麗黃、紅的法拉利車身顏色，恰成對比。蘇東坡、白居易等人若活著，看著也會落淚。

但外地人說三道四中國的貧富反差容易，中國領導要解決此問題卻是個大難題。全球化下，中國漲工資後，答案很簡單。韓國與歐盟簽訂的 FTA 已生效，他們可以把輸出歐盟的生產線拉到東歐地區；日本已和印度簽訂類似兩岸 ECFA 的 EPN，十年內九十四%產品

今日的中國，已是改革開放的推手鄧小平，也不認識的中國。
圖片來源／視覺中國

關稅降為零；日本大可把它的亞洲生產線少部份留於中國之內，搶攻中國內需市場，其他移往馬來西亞，進攻經濟成長率更快的印度；而美國與韓國早已簽好的FTA，只要兩國國會批准，韓國在天津或瀋陽等生產線，有一半可撤至墨西哥主攻美國市場。

過去是Made in China橫行全球，未來相反地將是全球進軍逐鹿中國，世界上最大的、新興的、主攻低消費的十億人口市場出現了。這樣的模式或許可以平衡全球的貿易失衡，減少中國生產過剩的經濟危機；但中國的下一步呢？就靠過往累積豐厚的外匯及財政盈餘，就靠一點出口，其他純以內需吃光分光了事？

溫家寶的十二五規劃自然有著向來中國經濟的宏大手筆。他對於未來經濟提出的解脫之道，用幾個字總結「科學發展，自主創新，栽培世界一流大學，廣納人才」，他說的每一撇每一捺，都讓我萬分戰慄。溫家寶要結束一段歷史，也要啟程一段新歷史。中國也要學台灣走上研發的路，不甘願只做組裝代工了。短時間內，中國將挖角全球包括台灣的人才；從科研到教授人才，凡願意到中國的，不管你是白貓或黃貓，是華裔還是黃毛的洋人，中國都搶，都是好貓。長期階段中國將教育投資分成兩大方向，民工教育轉型成高職專科學歷的高階工人；高等教育則比照香港當年成功扶植香港科大經驗，數年內砸大筆預算把中國清大、交大、北大等重點大學，擠進全球二十名一流大學；為中國培育最尖端的科研人才。中國不會犯下「台灣教改」不知經濟疾苦的錯，它的「差異化」政策，也不會是台灣版「齊頭式平等主義」的民粹教改。若一舉成功，可能真地讓中國成為科技大國。

十三億人張口吃飯的治理，本來就是一件恐怖的事。犯錯了，就得掉進深淵，這也是為什麼中國領導者不會只看民調辦事，也不會輕易聽從彈頭理想學者的意見，就推出政策。過去，中國掉入深淵次數太多回了，每一次都摔地粉身碎骨。毛澤東晚年最後一次見季辛吉，已無法步行，躺在一張木椅，房間藏著滿坑滿谷滿地的書。毛看著季，笑著對他說：「我快要去見你們的上帝了！」季辛吉嘲諷地回答老朋友：「我們的上帝可能不會太歡迎你！」毛此時已離死亡不遠了，他革命起家，統治中國也鬧了快二十六年，始終想不出中國的出路。季辛吉在他的回憶錄中描述當時（一九七五年十月）毛澤東說話已極度困難，流著口水，但思路仍然清晰。毛最後留下一句在中國不可能公佈的真正「毛語錄」，「中國十億人口太多了……頑固守舊，得靠下次你們丟原子彈或蘇聯丟原子彈把中國三十歲以上的人全炸死，才能解決中國的問題。」

中國開放的奠基者鄧小平，倒是後來幫中國尋出了一條奇特的發展之道；他沒有藉用原子彈炸死龐大又冥頑的人口，但他深知只有讓「一部份中國人先富起來」中國才有脫貧的機會。

鄧小平在中國最窮困的時候，和西方談判，曾嚇唬式的撂話給季辛吉，「中國人天不怕地不怕……光靠著挖深洞，靠著小米加步槍，我們就可以應付所有問題。」

鄧小平已逝，他口中描述的中國也消逝了。現下的中國年輕人，工時長一些、情感不順遂些，就受不住跳樓；富豪陸客們擠進 LV，所有不同款式包包一次全買。現在的中國人是有錢人提著 LV 皮箱加白花花現金，應付所有問題。這是鄧小平創造的中國，也是他不認識的中國。

二〇一一年三月五日，溫家寶公佈了新中國經濟藍圖。為了政治穩定，中國勢必得縮小貧富差距；於是大漲工資，不到一年已漲幅四十％以上；世界經濟史上少見的大膽分水嶺「薪水革命」。廉價代工的「世界工廠」，三十年黃金時代，正式結束。
圖片來源／視覺中國

終於走到一個拐點。溫家寶談話後第二夜，台北雨下得驚醒淺夢的我。夜裡兩點，路燈因著風雨太大，像打著哆嗦的淒苦老人。黎明沒有印痕，我想著二〇〇五年台灣也曾提出一整套高等教育卓越計劃，與香港同步；當時只想重點扶植三至五所大學，結果卻被各方勢力狼吞虎嚥給分屍了；據說各校後來卓越之金拿去蓋學生宿舍與研究大樓。

大陸不會犯台灣的錯，但它的路能平穩嗎？那個習慣趕路的國度，瞬間把世界趕到另一個重新洗牌的局面。中國政府做起莊家，重新洗牌；而我親愛的故鄉，有多少人意識到這個大轉變之後，台灣的份位在哪？有上桌的資格嗎？還只是跑龍套的料兒？

一夜無眠第二天，我打開報紙，竟然沒有一個媒體關注中國大轉型的細節；尤其關於即將開啟的兩岸人才大戰。

一個字都沒有。

二〇一一年三月七日

當中國停、聽、看

一個神話被徹底地打破了，它是好事嗎？

溫州動車事故之後十七天，溫家寶親自主持國務院會議。會後不只拍板降低高鐵速度；對已批准但尚未開工的高鐵建設，決定重新評估其安全並暫停建設；而新的高鐵項目，全部暫停審批！「四縱四橫」邁向二〇二〇高速發展的中國，瞬間，象徵性地從中國地圖上停格了。

打自十五年前，第九個五年計劃起，中國政府主導拉動未來經濟增長的最重要投資計劃，從此轉了彎。以林毅夫為主為中國擘劃「超越凱恩斯」的經濟架構，所謂「中國城鎮化的故事」，其「鋼骨」也瞬間，斷了樑。

那一趟列車未來必然會寫進歷史。七月二十三日晚間八點三十八分，從杭州開往福州的D3115次列車行至溫州双嶼，突然失去動力停駛。它像預言了什麼，同一時間，那個過度追求速度的中國地圖，正有數千台飛機、數百輛高速列車、數千萬台汽車，空中、地面高速移動著。但這一趟編號D3115的提速列車，卻失去了動能；沒隔多會兒，正如許多人已知一輛由北京開往福州的車撞上了它。四節車廂一一撞落，一節車廂九十度垂掛橋樑上。

那垂掛橋上的車廂，更像引喻有如今天的中國政府；垂直直的晾在冰冷的夏夜裡，隨時虛脫地要斷了脖子般。搭列車的乘客有沒頭的，僵死的，沒胳膊的，哀號的，叫不出聲的……一切皆發生於二〇一一年七月二十三日八時許。

四十條人命，數十個家庭；還有中國民眾幾年來因由高鐵對政府的膜拜與信心，從此改變了。

不過幾個月前，為了慶祝中共建黨，京滬高鐵通車，央視慣例地放只雞蛋擺桌上，顯示車子雖高速卻行駛平穩地很；同時斥資大手筆空中拍攝，突顯飛機竟然跟不上飛速的中國高鐵。主播尖叫的聲音，言猶在耳，尖聲且急促：「我們正望著連結中國的兩大心臟城市鐵路，超越飛行的速度，它象徵著中國高鐵時代，一個沒有人能追趕得上的時代……來臨了。」

但是它撞車了，撞在不該撞上的政治及經濟時間點上。

世界上高鐵出事不是頭一回，中國溫州慘劇，也不是最慘的。十三年前，德國高鐵曾發生一起比中國更重大的高鐵出軌意外；它是全世界至今為止死傷最慘重的高鐵事件，總共一百零一人於事故中罹難。災難發生的過程，比此次溫州動車事故還恐怖。六節車廂互相擠壓，扭曲互疊，堆成五、六公尺高的一團廢鐵，原本承載高鐵鐵軌的水泥橋徹底被撞毀，水泥石塊散落滿地。

事發過程更像離奇恐怖片。一名女乘客與兒子座位中間的扶手事發時突然跑出一截巨大如刀子般的金屬條切，耳邊伴隨著淒厲的金屬刮擦聲。接著列車後車輪被切斷，之後的車廂便撞上了橋柱，然後不過一百八十秒之間，後面幾節車廂連環一一重力加速度相撞成一團。

但德國的高鐵神話並沒有因此破滅；事發後七分鐘，德國高鐵下令全面停駛；二十分鐘後所有重傷者以二十四架直升機轉送附近醫院；搜救工作進行三天，七十二小時才停止；失事原因的調查與訴訟共花了五年的時間。德國高鐵最終找出了肇事的原因：「金屬疲勞」，並一路追蹤誰該為事先未綿密檢查而負責？三名德國高鐵工程師因過失殺人罪被提起公訴，德國高鐵也認賠，更換五十九輛同型號列車的車輪。

十三年後，德國高鐵依然徜徉於萊茵河畔。沒有人主張放棄高鐵，也沒有人喊話要它慢下來，因為那不是重點。德國高鐵本來勿須神話的包裝，直升機從來是拿來救人的，而不是為官方電視台壯觀造勢的；真出事了，面對缺失，認真調查，勇敢承擔；民間也足夠信賴政府，不讓外行人七嘴八舌；最終德國高鐵，繼續行駛；其安全性至今無人質疑。

而災難規模小很多的溫州事故，卻因中國鐵道部危機處理其糟無比，結果不只葬送了中國的高鐵神話，還包括當年中國巨擘「高鐵四縱四橫」的經濟發展藍圖。

中國十多年來高鐵的技術自主研發也好，半偷半學也好，竟因此功虧一簣。中國高鐵其實負載了龐大的經濟功能。首先，這是領土廣闊的中國人流及物流運輸所必需的交通建設。沒有高鐵或其他的提速列車，就不會有下一個中國城鎮化的故事。而只有更大幅度的城鎮化，中國才能成功地轉型成一個不完全依賴出口的經濟體，中國的內需市場也才能成形。世界經濟也才能從完全依賴歐美消費，走向均衡的結構。

溫州動車事故後，一段動人的詩詞在網路上流傳著：

中國，請停下你飛奔的腳步，等一等你的人民，等一等你的靈魂，等一等你的道德，等一等你的良知！不要讓列車脫軌，不要讓橋樑坍塌，不要讓道路成陷阱，不要讓房屋成危樓。慢點走，讓每一個生命都有自由和尊嚴，每一個人都不被「時代」拋下，每一個人都順利平安地抵達終點。

以居留香港為主的大陸學生於社交網站上點名最高領導人，要求公佈事故的調查成員其姓名及背景；要求民間成立獨立調查委員會，並邀請國外專家參與，以昭公信。簽名文件中，年輕一代表態，他們要為死難者吶喊，並挑明說出自己已對政府失去了基本信心。因為他們眼中看到的已不是飛快的高鐵，而是慘劇後政府不盡力救援，事故車廂被以真正世界最快的速度默默切割掩埋。「不是雷，打斷了溫州動車；而是雷響，打醒了年輕人的盼望」，原來「我們的國家從來沒有因為富強而變得更文明」。

動人的詩句在網路大量流傳著，坊間朗誦著。民怨的沸騰有若一口將破口的熱鍋，蒸汽一開，隨時冒上來。

十七天之後，中國真的慢下來。溫家寶主持的國務院會議，決定暫停鐵路新項目審批。路透社及華爾街日報下了一個共同的標題：

「四萬億（兆）投資狂潮後，中國鐵路建設降溫成定局。」有點幸災樂禍的口吻。中國最大的券商之一中信證券報告估算，如果未來高鐵建設計劃資金被削減百分之五十，鐵路基本建設投資將下降約七千億人民幣；若此次出事的提速鐵路與城際鐵路也削減，總計「十二五規劃」中，中國將短少二兆左右的政府投資。於是在全球經濟降溫的波動中，溫家寶主持的會議，同一時間擱置高鐵，轉向以取悅民意的「保障性住房」，做為填補鐵路投資的缺口。

但請注意，這個政策轉向與原來的高鐵經濟所代表的經濟野心，全然不同。前者固然義正嚴辭庶民經濟，但後者才足以結構性地帶動中國的增長。因此，當中國高鐵叫停時，我們應關注的是那個未來「城鎮化的中國故事」能否持續？還是溫州慘劇竟不幸命定地終結了中國黃金三十年的崛起？

溫州動車事故或許本可以如德國高鐵般處理成一場單純意外或工程缺陷，改進後讓中國高鐵繼續飛躍；但它撞在一個脆弱且魯莽的中國機制，暴露了中國政治最敏感也最虛弱的神經，也終於阻止了中國繼續往前大邁進。

另一個可怕的是溫州動車事故的時間點，其撞車出事時間正是美國國債協商成僵局，標普將之降級之時；而大西洋另一岸法國第二季GDP成長率為零，德國經濟只比上一季成長多出〇．一％。中國呢，消費者物價指數七月份CPI又創下三十七個月新高。溫州列車，正撞上一個世界經濟脆弱的時刻。

許多人說溫州動車事故顯示中國仍只是一個大躍進型態的政府；不只人民跟不上它的速度，官員也跟不上，更甭談其良知與道德尊嚴。但我們必須同時承認，偏偏也在這樣一個叢林法則的社會運作裡，中國勤奮低廉的勞力，熟練的製造技術與政府強大驚人的計劃經濟能力，將中國以幾何式的增長，帶上了世界經濟的版圖。在這個叢林法則裡，或許沒有文明，或許太多誇耀；但它卻買下了世界最多的美債，使美國經濟足以借債拖延喘氣；並於二〇〇八年後成為亞洲成長引擎。高鐵只是中國叢林經濟發展的一面鏡子，驚訝聲中完成世界第一；意外事件中轟然倒下。它的崛起是奇蹟，殞落也是奇蹟。

中國開始反思高鐵，固是一個文明的起點，當然也是好的開始。但除了高鐵，何處的中國等得上人民的腳步？過去三十年的改革開放，從三峽大壩，南水北調，北京老城改造，近日「十二五規劃」在金沙江、瀾滄江峽谷中興建的西南水電大壩，那一個符合「停下腳步」、「等一等靈魂」的標準？

而換另一個角度思考，中國若真的停下腳步是什麼局面？是一個更文明，可以讓人民平安回家的中國？還是一切減速，結果可怕地正好為已然疲弱的全球經濟，增加另一個完美風暴的中國？

當中國停、聽、看時，或中國政策大轉彎時，正如當年季辛吉的預言，世界也將為之震動。

二〇一一年八月十六日

二〇一一年八月十六日，京滬高鐵開始停運，上海虹橋動車所進行全面整修。從此中國高鐵神話結束了。
圖片來源／視覺中國

美國欠全世界，一個道歉

距離二〇〇九年四月，人類史上第一次領袖高峰大會，已過了兩年。當時華爾街把全球帶入寒冬，G20大會上美國難得謙虛，靜悄悄地深恐別人發現他們的存在。全球各國領袖萬分驚慌；沒有人有把握世界能否安度這場新的大蕭條，因此也沒有人有時間好好向闖禍的華爾街算帳。一九二九年大蕭條襲捲全球的回憶太恐怖，於是人類史上第一次二十國央行一致降息，一致祭出量化寬鬆世界，也一致實施擴大內需方案。

當時G20大會上有三個鋒頭人物，一是英國首相布朗主導整個高峰會，一是美國聯準會主席伯南克；第三個則是諾貝爾經濟學獎得主史迪格里茲（Stiglitz）。他接受聯合國委託組成龐大經濟智庫，二〇〇八年十月他率先提出一個打破半世紀的見解，統治地球半個世紀的七大工業國G7已經沒有能力撐起全球經濟；相反地過去這七大自以為是的工業國，正是此次金融大危機的重災區。人類要度過難關，七大發達國家必須承認他們單獨領導世界的時代已過去，G7必須擴增至G20，把原一九九九年起只是G7央行財長的會議擴大為救市的G20高峰會。「G20」高峰會這個史無前例的大會於是正式召開；那些過去被當成廉價沒技術水準的國家領袖，驟然成了二〇〇九年拯救世界的主角。

如果觀看數字，即使今日美國經濟已逐漸復甦；G20五大金磚國，中國、巴西、印度、南非及俄羅斯，不只全球貿易額中占十八%，在全球今年經濟增長率上貢獻更高達四十五%。簡而言之，沒有金磚五國，全球增長今年將削減一半。事實上二〇〇八年大衰退所以沒有重演一九二九年的悲慘局面，有一大半原因即是這幾個國家，尤其是中印，分別祭出龐大財政預算，從二〇〇九至二〇一〇分別以十二%至八%的年成長率，支撐全球度過難關。

離二〇〇九年四月那一場歷史性的G20會議兩年，今年G20輪值法國主辦。美國人得了遺忘症，在上個月先行於南京主辦的G20會前會上，包括法國總統薩科奇、中國人民銀行行長周小川，G20成員除美國、英國外，均集體一致挑戰美國從一九四四年以來獨霸世界的貨幣地位。美國財政部長蓋特納雖不敢為美元亂貶直接辯護，卻以律師巧門直指中國操縱匯率，資本不流通，因此即使美元願意放棄獨霸，人民幣等也沒有資格成為世界貨幣。

我討厭法律人，這是另一個例子。蓋特納法學出身，口中說得自成一理；但美元禍害全球，各地形成通膨、飢荒、動亂，不是靠他口中的「資本流通」術語，可以掩蓋。

其實美國早於一九七一年已由尼克森總統片面撕毀一九四四年布列頓森林協議中對全球四十四國的金本位承諾，美元不須任何黃金準備，可以亂印鈔票；但美國卻想維持同樣因一九四四年協議而成立的國際貨幣基金會（IMF）章程中美國的獨有否決權；尤其IMF提款權（SDR）必須仍以美元為主，不納入任何新興國家貨幣。

於是二〇一一年四月金磚四國在三亞開會，並首度納入南非成為金磚五國，從拉美、非洲到南亞、中國，他們想拉出一條世界開發中國家的戰略長線。這些靠龐大農民工吃苦勤勞賺取外匯的國家，要團結一起，向即將召開的G20大會上發出他們應有聲量。

兩年前來不及算帳的金磚五國已發現，美國正準備把他們當成玩弄的棄婦。美國二〇一一年上半年赤字八千二百九十億美元，美國不斷地丟出一度又一度的量化寬鬆政策，美元大貶，甚至到了美債被美國人自己的債券天王葛洛斯和股神巴菲特合稱大爛債的地步。中國印度等各國三十年儲備的美元外匯及龐大美債，眼看接近十七％，已成了廢紙。天曉得那是多少回不了家，一年全家只能見一次面的農民工血汗換來的積存；如今三兩下就被美國人的魔術活生生刮光近五分之一。

美國人常談中國是一個沒有言論人權自由的國家。他們不知道，中國豈止沒有言論自由，中國工人連回家與妻小相聚的自由都沒有。過去二十年幾億中國人一家四散各地，有留守兒童留在四川老家，八歲大就得拿大菜刀自己幹活，父親在深圳，母親可能在上海。最好狀況，就是平日可以以白牌手機，發簡訊互相道平安。熬不過想念起來，真撥個電話，就成了奢侈。這是中國最廣大被剝奪的人權；一切就為了給下一代攢錢起個房；回家，不是中國工人的人權。

這是紐約華爾街、SOHO時髦的美國中產階級很難想像的人生。他們日日啜飲紅酒、咖啡。敲著電腦桌玩弄詐欺型的CDO的同時，不知多少家庭的孩子、母親，在中國、印度、巴西，流著淚水。

金磚五國在三亞聚會，路透、BBC、CNN等外媒指指點點；譬如五國中鞋業中國與巴西有衝突，石油價格上中國與俄國不合。但西方媒體忘了多花一點時間思考，當中國、印度工人、甚至工程師們每日至少工作十小時以上，而G7工會卻保障工人含聊天、看報、喝咖啡，一週只能工作三十小時；新興國家的勤苦與G7國家地逸樂悠閒，那是一個多大的反差。

西方內心一方面看不起金磚五國，又非常害怕金磚五國。於是自己也在G20正式大會前，先開了G7；討論如何延續「西方永不沒落」

的特權。

其實G20大會前，金磚五國根本勿須大費周章發表三十六條三亞宣言，他們只須做兩件事：

一、發一張肯亞飢餓垂死的婦女照片送給歐巴馬；告訴他這是你父親熱愛的祖國，肯亞土地上真實的故事。美元大貶，導致全球過去四個月多出四千四百萬貧困人口；照片上的肯亞老婦，就是你父親當年想拯救的肯亞貧民；她已經不記得上一頓飯，是什麼時候吃的。

二、列印美國參議院跨黨派剛剛完成的調查報告，共六百三十五頁；報告直指當年高盛等投行如何一方面蓄意隱瞞客戶向他們推銷高風險CDO，一方面自己卻大量放空，與其客戶及抵押貸款市場對賭。華盛頓互惠銀行如何設計詐欺型證券，然後出售給房利美、房地美。美國兩大信評機構如何接受關說當幫凶，將垃圾級債券列為AAA等級。這六百三十五頁報告，道盡華爾街的道德淪喪；道盡今日世界之苦、之動亂、之通膨、之高價；全球幾十億人口的血與淚，甚至生命財產，全說明於這六百三十五頁的故事中。

中國想挑戰美國在ＩＭＦ的獨霸，時日還很長；但金磚五國至少要讓美國領袖們，上自歐巴馬下至蓋特納有點羞恥心。

他們欠全世界一個道歉。

二〇一一年四月十五日

金磚五國要逼美國領袖們，上自歐巴馬下至蓋特
納有點羞恥心，他們欠全世界一個道歉。
圖片來源／達志影像

回憶帝國的崛起

二〇一一年四月美元大貶後，促使我回頭考證整理美國帝國何時崛起？它崛起時什麼姿態與面貌？一八九〇年，美國GDP正式超越大英帝國，經濟上成為世界第一大強國。帝國崛起的時刻美國橫跨兩位總統，克利夫蘭與哈利森。克利夫蘭一人既是美國第二十二任總統，又是第二十四任，中間卡了第二十三任總統哈利森。

美國帝國初崛起時重視人權嗎？一點也不。文明嗎？相反的，它殘殺萬眾。

克利夫蘭一八八五年上台，在他上台後，美國西部蔓延著「攻擊中國人事件」。我們一直以為所謂「華工血淚史」，指的是一群廣東的孩子，拋鄉棄母，有如奴工般在美國築建鐵路的血淚史。事實狀況比我們想地糟多了；一八八五年在西部懷俄明州石泉之鎮，華工二十九人沿街被活活砍殺至死，十五人受傷，其餘能逃的全躲進山區裡。他們留存石泉鎮賣命攢下的財產或被砸、或被搶、或被奪、或被一把火放火燒光了，總計財產損失十四萬七千美元；換算一百多年後的通膨率，損失接近數十億台幣以上。中國駐美公使立刻提出抗議，美國國務卿倍雅德（Thomas F. Bayard）搪塞一個狗屁理由，「依美國聯邦憲法中央管不了地方懷俄明州。」中國華工之死、之傷、之財產損失，與美國政府無關。

一八九〇年哈利森總統上台了，帝國之光耀現世界舞台，GDP正式超越英國。但也在同年二月十七日，舊金山這個聚集最多華工的城市，突然頒佈一紙命令，「中國人須在六十天內通通搬家，移至市區之外」，不聽令者一律關起來。

一八九〇年我們鍾愛也象徵美國精神的自由女神，已安躺紐約港口近四年。一八八六年美國克利夫蘭總統主持法國人送來的禮物「自由女神」開光典禮，揭幕時詠嘆「這將是一尊召喚全世界、渴望自由、免於恐懼的人，移民的新天堂。」他口中的「人」，不包含華人。

美國成為世界第一帝國後，除了行動上縱容白人殺華、搶華、排華外，甚至一八七二年至一八八二年連續兩度訂定共二十年「排華法案」；而對其他國家，美國的侵占行為也不遑多讓。一八九七年併吞了夏威夷，美國軍艦靠上夏威夷美麗的海港，粗魯的大兵以大腳印地踩在白色沙灘上，廢掉當地合法的女王，接著扶持魁儡政權；最終再以「民主自決」方式，將夏威夷併入美國。

一九〇〇年跨入二十世紀，在大蕭條英鎊大貶之前，世界的強權還在美英之間拉鋸。美國為了追上大英帝國的殖民領地，連續開戰南美古巴、波多黎各；亞洲關島與菲律賓。光是菲律賓「戰役」，連殺了兩年才罷手，比格達費還凶殘。

美國初掀帝國大旗的軍隊，現在翻閱史料，簡直難以置信。以入侵古巴軍隊為例，成員包含牛仔、哈佛大學馬球隊成員、狂飆騎士團、及被抓伕打仗的美國印地安原住民。攻打菲律賓從一八九九年打到一九〇二年，動用十二萬六千多兵力，花了四億美元，最終一年美國大兵翻臉了，見菲人即殺。美菲戰爭中，菲律賓死亡數十萬；並以土

尼克森時代的財政部長康納利曾留下一句名言：
「美元是我們的貨幣，卻是你們的麻煩。」
圖片提供／視覺中國

匪罪名吊死反抗軍。這場殺人無數的戰役，當然也如過往帝國的戰爭，以「菲律賓基督教化」為征戰理由，並事後聲稱這是一場「文明化」的死禮。美菲戰爭與一九六〇年代越戰很像，它導致菲律賓中老年人泰半戰死，五個嬰兒餓死四個，菲國平均壽命不到三十歲。

美國正式確立帝國地位，是在歐戰，也就是俗稱第一次世界大戰後。當時的總統已是大名鼎鼎的威爾遜，歐戰正式結束舊歐洲領導世界的時代；遠在大西洋另一旁非貴族、甚至是野蠻犯人拓荒的美國已搖身一變，取代了歐洲，成了統治世界的帝國。威爾遜戰後主導凡爾賽合約，把戰爭的賠償責任全歸予德國，並剝奪德國所有殖民地、煤田，還瓜分其領土予法、比利時、波蘭、丹麥。當時參與談判的凱因斯還是個小伙子，他回到英國後即預言，如此的戰敗條件，只會註定下一場德國的反抗之戰；因為無論賠償金或領土沒收，都讓德國人三十年也還不了債。凡爾賽合約，將種下下一場戰爭的種子。

可是，威爾遜卻因此得了一九一九年諾貝爾和平獎。

威爾遜時期，美國還是沒有人權，國內相繼推出「間諜法」（一九一七）、煽動叛亂法（一九一八）；凡說寫或妨礙戰爭或鼓勵不忠於國家的行為，均可處以二十年有期徒刑。那幾年，美國共有一千五百名以上的「美國劉曉波」；連社會黨領袖戴布茲都只因發表一場反戰言論，入獄十年。威爾遜關他們的理由是：「美國在實現使命與拯救世界上，有無限的權力。」

一百年過去了，美國改變不少。但洩密予維基解密的士兵曼寧，如今仍被關於美國軍事牢獄中，沒有起訴、未經審判；每日醒來，早晨在零下溫度中，被要求羞辱性的光著身體檢查；全美各大法學系教授及自由派學者皆聯名簽署要求歐巴馬依法釋放曼寧。

帝國百年後，歐巴馬，還是連哼一聲，都不敢。

至於四月二十七日伯南克召開的聯準會，那已是帝國百年來玩弄無數次的經濟圈套。伯南克記者會後美元指數狂貶，撼動全球匯市，黃金一日漲三十美元。全球通膨都瘋了，只剩這位神童之稱的經濟學家不疾不徐的告訴美國人，美國通膨CPI僅〇．五%，油價雖高，物價仍趨緩和。

伯南克等於昭告世界：我以帝國聯準會之尊，敬告全球，美國只顧得了救自己的經濟，顧不了救全球；大伙好自為之吧。於是台幣、澳幣、歐元……繼續漲，全球除美國之外凡因通膨陷入貧困的家庭，遙望自由女神，除了嘆息，只能嘆息。

美元大貶，有什麼意義呢？我手中有一個數字，光是近一次網路泡沫化後美國為解決國債，自二〇〇二年至二〇〇六年貶值美元，它對全球的負債，即莫名「蒸發」了三．五八兆美元。

還是尼克森總統時代財政部長康納利的話，是帝國最好的註解：「美元是我們的貨幣，卻是你們的麻煩。」

二〇一一年四月二十九日

在同一張地圖上，看著美元大貶又大漲

如我早先的預測，美國央行聯準會宣佈維持超低利率，直至二〇一三年中，跨越美國總統歐巴馬任期。七比三投票，世界最重要的央行在美國陷入二次衰退的前夕，作出「放手讓美元大貶」的利率政策；並表明美國除此超低利率之外，央行短期間內不會再做出其他重大的決策。不再買進公債，不立刻推QE3，除非經濟情勢出現更重大劇烈變化。

FOMC（美聯準會公開市場會議）根據六月會議後的經濟訊息判斷，今年美國上半年經濟成長比預期脆弱，不到〇．八％。美國自二〇〇九年已砸了七千八百七十億美元刺激方案，QE1及QE2實施至今年六月三十日。……原本預期今年經濟成長率應成長至三％；但今年第一季僅〇．四％，第二季修正值尚未出爐，初估僅一．三％；等於在變相的陸、海、空軍三大金融武器掩護下，美國上半年經濟成長率，不到一％。而QE2已於六月三十日結束，所有政府刺激方案年底將全部用罄；以我剛才舉的例子，QE2是最猛的空軍，已退役；所謂海軍即為超低利率讓美元對全球維持貶值狀態；陸軍全額已用死了五分之四。結果七月數據美國房價還在跌，失業率仍然偏高（九·一％）。美債協商僵局只是一個引子，把躺在棺材裡奄奄一息半死半活的經濟殭屍拖出來，世間亮相；華爾街認清了，於是開始黑色星期四、五、一，至星期二FOMC央行延長超低利率，才止跌回漲。

全球股市狂歡；但仔細閱讀美國聯準會的會議聲明，我笑不出來。

首先聯準會證實了此次「二次衰退」論者對美國經濟的看法，「委員會預期未來幾季，經濟復甦速度將減緩，……經濟展望下滑的風險已增加」。因此聯準會必須且無奈惟一可做的，就是維持它的「海軍」，專業用語叫「超低變相低利率」，延長至二〇一三年中期；白話講，就是想辦法讓美元繼續大貶。

但讓美元大貶，挽救的是美國脆弱經濟，衝擊的卻是痛苦的全世界。

美國央行政策一出，瑞郎日圓立刻急升。美股道瓊單日反彈四二九．九二點，升幅三．九八％；但另一端瑞郎兌美元再升至歷史高點；美元對瑞郎一日之間走貶五％，過去一年已走貶三十五％；美元對星幣過去一年也已走貶十七％，對台幣貶值十一％。美國幾位「天」字號大師人物，這幾天，早已公開呼籲放手讓美元再大幅貶值，才能挽救美國經濟。這些「天」字輩人物包括前雷根總統首席經濟顧問費爾斯坦，也包括前聯準會主席葛林斯班。葛老回答記者時，好似美國是全球單一國家，或許事實本來如此，只是沒有人坦言地如此赤裸裸。記者問他：「美國國債被標普降級後有風險嗎？」他回答：「不，我們是全球惟一可以光印鈔票解決問題的國家。」「我們與歐洲問題不同。」

葛老回答記者時，好似美國是全球單一國家，或許事實本來如此，只是沒有人坦言地如此赤裸裸。記者問他：「美國國債被標普降級後有風險嗎？」他回答：「不，我們是全球惟一可以光印鈔票解決問題的國家。」「我們與歐洲問題不同。」
圖片來源／達志影像

因此什麼是聯準會再延長超低利率政策的實質意義呢？投資人看到的是美股大漲，歐股、亞股皆全面翻盤，我看到是黃金漲至一盎司一七五六・五美元，石油從紐約輕原油一桶七五・三美元一日之內漲至八一・五一美元，小麥期貨從六九一・〇五美元價位，漲幅二・一七％又回到七字頭七一九美元。

聯準會的一天，在世界同一張地圖上，創造了好幾個不同面貌。美國的住宅房貸與企業可以繼續以超低利率貸款；北非中東以小麥主要糧食進口國又回到通膨加劇局面；台灣、韓國等對歐美出口大國一日之內匯差即改變了〇・七六％，未來勢必擴大，嚴重侵蝕台灣出口利潤；而出口占台灣GDP成長率五％中至少三％。

最後是中國，中國同樣八月九日國家統計局公佈CPI（消費者物價指數）創三十七個月新高至六・五％，此數字不只比六月份高出〇・一％，更比市場預期高出〇・二％。尤其鄉村地區老百姓收入低，更撐不住物價上漲；但根據官方數字，中國大陸鄉村地區的通膨指數居然高攀為七・二％，還高出全國CPI指數。毛澤東曾警告中國領導一句名言，也是他革命成功的方針，「城市人嘴巴大，叫叫算了；老農民若造反，打起扁桿，那就是玩真的。」中國七月份管農民吃飯的糧食CPI漲了十四．八％，豬肉占最大宗；理由只因去年美元大貶，國際玉米大漲，養豬的沒利潤，豬少了。

美元大幅貶值，在一張世界地圖中，等於丟出了好幾顆原子彈。

中國大陸面對經濟已然低迷的歐美市場，人民幣若大幅升值，出口就完了；人民幣若只維持目前小幅升值，通膨即加劇。貨幣政策也是如此，再緊縮銀根民間企業、中小企業倒光了；但放鬆，通膨指數已創三十七個月新高，難不成回到天安門事變時的通膨十八％，眼睜睜地目睹政治動亂，在北京或那個不知名的地方爆發？

中國的外匯存底更是個大問題。我有一回與Bloomberg的編輯部開視訊會議，嘲笑自一九八六年中國一批又一批領美國獎學金的海歸派，若以十萬人計算，每人唸完博士花約五萬美元美國人贊助的獎學金；當年美國「和平演變」中國的目的，光是中國外匯存底六十％都是美元資產這一項，就賺回來數億倍。這是美國投資中國二十年，最大的回收。如今在中國大陸從官方活耀的央行官員，証監委員，金融辦負責人，到市場派愛放炮的「進步人士」，都來自美國，而且十分親美。事實上，在中國大陸，現在所謂的意見領袖，都是美國古典自由經濟學家，甚至自己批評中國「操控人民幣匯率」，對美元禍害全球，華爾街貪婪詐欺毫無聲音。

有一回我聽了他們的言論，輕嘆一聲；這種「進步聲音」，恐怕與美國茶黨的意見差異極小。只是他們被放在「國進民退」，「計劃經濟」的中國地圖上，且受盡西方媒體的追捧。的確，對美國，這多麼喜出望外！當美元大貶，通膨禍害全球時；却有一個又一個中國「進步份子」，隔海猶幫美國人唱話，這不是天上掉下來的禮物嗎？

今年三月二十二日，我在時周專欄寫下「世界貨幣的獨白」一文，談美元如何藉由一九四四年七月布列頓森林協議，取得世界貨幣地位。當時美國對世界的承諾是美元將以一盎司黃金兌三十五美元的價位，發行美元。以書寫此文之日八月十號計算，六十六年來，美元等於貶值了五十一倍。

我近日愛好玩一個新遊戲，問國際政治專家世界上持有黃金最多、美元最少，最聰明的央行，是哪一個國家？另外，世界上最笨，持有美元比例最高、黃金最少的央行，是哪一個國家？我問了至少十位國際政治或財經專家，結果沒有一個人答對。根據國際清算銀行資料，全球最聰明的央行、持黃金最多的國家居然是美國自己。美國央行外匯存底持黃金比率七四．七％，至二○一一年七月它共持有八一三三．五公噸黃金。排名第二名為德國，外匯存底中七一．七％為黃金，德國央行從六月份至七月份黃金噸位從三一○五增至三四○一公噸，第三名為IMF，第四名為義大利。而中國大陸持有黃金至今年七月僅一○五四．一公噸，只占其外匯存底一．六％。於是我在世界地圖上看到另一張圖像；美國央行自己最不相信任何貨幣，最聰明，持黃金最高；其次聰明的是歐洲各國，德、義、法、瑞士持黃金比例均高於外匯存底七十％以上；而亞洲各國最笨，中國首屈一指，黃金比例僅占外匯存底一．六％，台灣差不多，也僅五％；日本比台灣更笨，比大陸聰明一點點，黃金於外匯存底比例僅占三．三％。

二〇〇六年諾貝爾經濟學獎得主菲爾普斯接受文茜世界財經周報專訪時，曾描述二十一世紀的經濟史觀：「西方繁榮的結束」。他忘了加一句，這應是「東方清醒，結束愚蠢的開始。」東方被西方足足打敗了兩個世紀，打到頭都昏了。從鴉片戰爭至今，西方一直是亞洲子民仰望的星星。西方代表的公侯、優雅、高尚、古堡……，一直是我們亞洲人心中的聖殿。很少人拆穿它的另一面，歐洲之繁榮其實是掠奪大量亞非洲資源，創造出的「掠奪式榮景」。

從八月十日起，在同一張地圖上，地球每自轉一圈，美元兌全球主要貨幣，就貶一分。過去兩年來，美元兌全球貨幣已貶了十%；聯準會的政策全球股市狂歡，接下來呢？美國經濟就不低迷了嗎？當美元再大貶，台幣再升值，我們自己的經濟成長動能又在哪裡？

在眾人仍皆傻時，趕快賣出你手中的美元資產吧！

二〇一一年八月十一日

華盛頓馬戲團

歡迎來到全球最受矚目，演出費用最高的馬戲團：Washington D. C.。

這家馬戲團過去一週襲捲全球股市，蒸發數兆美元投資市值。它成立於一七九一年九月九日，以美國國父華盛頓為名；但華盛頓生前很聰明，很有遠見，他退職後雖居住於離此不遠的弗農山莊，但很少進入這塊面積一百平方英里的菱形怪城市。

如今這個菱形怪城市，不只已成全球政治中心，全球債務中心，還是全球首度以「國會議員」為表演者，白宮為道具，總統充當跳火圈的狼狗，一座「別開生面」全新型馬戲團表演中心。

不要怪我說話太刻薄。全程參與美國國債協商的歐巴馬發言人卡尼（Jay Carney），在八月一日終於完成舉世矚目的談判後，痛苦地告訴美聯社白宮記者：「這簡直是一團亂。毫無疑問，有時候根本和馬戲團沒兩樣。」

他的描述，與我完全一致。

事實上提高美國債務上限，根本不是什麼新鮮事。過去五十年，美國國會先後提高債務上限已七十八次，聯邦政府舉債度日已長達數十年；但此回為了二〇一二年選舉，美國兩黨殺紅了眼，竟將堂堂大國債信違約拖到期限倒數幾小時，才完成調高舉債上限及十年削減二．五兆美元政府赤字的「法定程序」。這種情景若是發生於剛當選的泰國盈拉內閣或面臨歐債風暴的愛爾蘭，沒有人會太驚奇。但三個月前，美國財務部長出席G20財長大會，被詢問美債是否可能違約？他曾驕傲地回答：「開什麼玩笑，我們是美國耶！」

顯然，蓋特納也不夠認識他自己的國家。

「我們是美國耶！」蓋特納能說出這句話，而且世人不反感，覺得言之成理；因為美國自一八九〇年起，已是世界第一大經濟體。歷經一次、二次大戰，雖然美國建國史兩百多年中，幹了不少醜事；但相對而言，綠草如茵、繁榮富裕、自由民主的美國形象，還是深植世人民心。蓋特納對美國的自傲，是兩百多年來，美國的先祖、開拓者一點一滴建立起來的。

但從今年七月延至八月二號，美國參眾兩院與白宮上演的國債談判，却把美國的民主形象推到谷底。民主黨主張加富人的稅，才能解決美國的財政危機；共和黨堅不讓步。共和黨的激進份子則相信，美國國家的稅收都是被懶惰的黑人與亂生小孩的拉丁裔美國人以社會福利之名吃光的。雙方僵持下，馬戲團鬧劇足足上演兩個月以上；舞台上雖無火圈，白宮夜夜明亮，却比任何夜店玩火，對世界經濟威脅都來得危險。

英國金融時報引述共和黨領袖坎特（Eric Cantor）辦公室描述華盛頓的怒吼，歐巴馬與坎特交換意見毫無交集後，大吼：「我的忍耐已到了極限，就算因此下台，我也不會在這個問題上屈服。」然後猛然起身，走出會議室。一向以「no drama」「不戲劇化」著名的歐巴馬，也崩潰了；摔了門，大吼幾聲，走人。

而可恥的是國會山莊另一端，全美利益遊說團體占據了華盛頓各大小旅館。向來清靜的波多馬克河畔，增加很多小型聚會。遊說團體已看出歐巴馬大勢已去，政府預算非刪不可；他們各自打著算盤，想盡一切保住客戶委託的那一塊。軍火商最著急，因為他們的政治獻金雖然最多，選民却最少。共和黨要保富人，民主黨得保社福照顧者。我一位仍於華府上班的朋友寫 e-mail 告訴我，這是二十年來，他所看過最混亂的場合。軍火商的遊說團體派出美女、前政府高官、各種方式想主導削減赤字談判，但始終不得其門而入。一位替飛彈公司跑腿的公關美女，某日沮喪的遊蕩波多馬克河旁，其背影看起來有若「等待法國中尉的女人」，孤寂且悲涼。我的美國朋友上前和她打個招呼，她喜出望外，以為救星出現了。接著他只好殘忍地告訴她真話，「我什麼忙也幫不上，國防預算刪定了。」

共和民主兩黨的惡鬥盤算背後，其實道出的是一場可怕的景象。全球自一九四五年以來，均以美元為世界儲備貨幣。各國相信的是那個二次大戰期間，曾領導全球戰勝希特勒、在日本投下兩顆原子彈結束二戰的美國。花旗集團首席分析師史蒂文．威汀（Steven Wieting）評論美債違約，話說得最坦白：「問假如美國國債出現違約，美國經濟會變成什麼樣；正好比問一個人，自殺後怎麼辦？」華爾街則估計只要美債違約一天，美國股市將恐慌性下跌十％；若違約超過兩天，道瓊指數將下跌三十％；全球最大債券公司及日本財相則以「雷曼恐慌」（Lehman Shock）形容美國債務違約的後果。

美國最終雖未「帶領」世界走向「自殺」，但華盛頓的馬戲團演出，已向全球發出一個信號：美國國內政治系統已日漸失靈，它不配也不應在全球經濟繼續扮演類似「Father」父親的角色。

八月一日這一天，親美的南韓李明博政權央行，史上第一次買入黃金，做為外匯儲備。中國央行則是全球跌入美元陷阱最深的國家，過去驕傲的美國人以為中國，這個可怕的壞蛋，可能隨時以手中持有

美國財務部長出席 G20 財長大會，被詢問美債是否可能違約？
他曾驕傲地回答：「開什麼玩笑，我們是美國耶！」
圖片來源／視覺中國

的美國國債當成大規模毀滅性金融武器。情節正好相反，中國現在正成為美國債務鬧劇中世界頭號忍者龜。過去這場胡鬧的華盛頓馬戲團表演，中國央行是全球最焦急的觀眾，滿肚心酸；堂堂馬克思反美大國，卻是綁上美債的最大志願炸彈客。點了火，先死的是自己。中國三・二兆美元的外匯存底中，竟然有高達百分之六十是美元或美債資產。三・二兆，這個數字背後代表數億中國農民工多年拋妻棄子，離鄉背井，數個世代無以訴說的血與淚的積累。

而一切，可能隨著美債下跌及美元貶值，損失數百億美元。

諾貝爾經濟學獎得主克魯曼二〇〇九年來台時，「文茜世界財經周報」採訪他；他亞洲之行最大的驚嘆竟是：「中國陷入美元的陷阱，真地非常深。」

也因此，這幾天中國政府，異常地安靜，儘量保持沉默。

而完成債限協商後，人們驚覺歐巴馬向共和黨徹底彎腰投降。僅管伯南克早已警告「大蕭條時代，美國政府犯的大錯之一，即是劇烈地削減赤字，過早平衡預算」；但「華盛頓馬戲團」仍然一意孤行。八月一日，美國國會等於宣告了一個重大改變的開始。美國華爾街天后分析師惠特妮（Meredith Whitney）發出警語，美國從第二季度起，各州政府支出年率已降三．四％，聯邦政府下降更大七．三％。她接受CNBC專訪指出，她從不曾想像美國，她所鍾愛信賴的國家體制，會陷入如此政治僵局。她警告七月二十九日公佈的美國經濟成長數據，顯示過去占美國GDP十二％的州政府經濟，真的正在走軟；美國幾個與房市低迷關係最深的州，已被迫刪減社福支出與增稅，而這將反過來再重挫已低迷的美國房價。

華爾街比誰都敏感，過去一個月已裁減五萬個職務，收入良好的默克藥廠也裁員上萬人。惠特妮警告，美國正出現經濟二度衰退現象，理由與一九三七年相同；因為華盛頓正上演的鬧劇，完全重蹈一九三七年的政策錯誤。

於是，我們本來以為這只是一場數萬英哩外的華盛頓「馬戲團」表演，結果表演者以比台中夜店數億倍更大的火焰，再度燒焦了全球經濟的復甦嫩芽。

但一切已太遲。當我們發現時，我們已經被迫融入馬戲表演的一部份。我們是其中一齣皮影戲中的皮，影子起伏全由背後來自華盛頓那隻看不見的手決定。

因為，「他們是美國耶！」

歡迎光臨史上最貴的華盛頓馬戲團。

二〇一一年八月二日

世界貨幣的獨白

一九四四年七月，在美國政府操縱下，美國新罕布夏州一個不起眼的森林角落召開一場決定二十世紀甚至二十一世紀命運的布雷頓森林會議。這個如今聽起來名稱只像森林狩獵或野餐（Picnic）的大會，決定了二次大戰後美元的世界貨幣地位。人類歷史在此之前，沒有一個時代曾經出現「世界貨幣」這個名詞。十六至十七世紀中國是全球最強盛的國家，中國的白銀只在中國流通；凱薩的羅馬大帝國，也沒有世界貨幣的權力；大英帝國號稱日不落國，太陽無法在它的領土落下；但橫霸整個十九世紀，英鎊不只未曾擁有世界貨幣的地位，一九二五年還一度面臨全球拋售英鎊，貨幣危機在太陽眼底下活活上演。

聰明的美國自一九〇〇年逐步崛起後，總在思考為何羅馬帝國、中國、英國……過去世界體系史中，偉大帝國總是維持不了百年榮耀光景？這真是帝國百年宿命的鐵律嗎？於是一九四四年七月，時間算起來離二次大戰結束尚有一年又一個月，離歐戰結束也還有十個月，聯軍剛登陸諾曼地；美國已迫不及待於布雷頓森林廣邀各國召開一場史無前例的會議。全球共四十四國參與，這些國家當時只能依賴美國參戰，才能從二戰中脫困，沒有人有能力向美國老大說「不」。即使高傲的邱吉爾，也沒有這個權力！美國以戰後經濟復興為理由，要求四十四國一致同意，美國為世界貨幣的發行單位；為了確保各國對美元的信賴，美國承諾美元的發行將以一盎司黃金兌三十五美元的匯率為基準，美國不會亂印鈔票。

我所以不斷地以「Picnic」嘲笑這場會議，不只因為它的名稱看起來滑稽，更因它事隔不到二十五年，協議就成了一張廢紙。美元爆發多次危機後，美國總統尼克森於一九七一年八月，片面宣佈美元停止與黃金「自由」兌換；外行人看不懂這句話的意思。它包含兩方面，一是戰後世界貨幣基金會全體會員國一致實施的固定匯率，從此宣告崩潰，這還是小事；真正的大事是，美國從此有了亂印鈔票的「自由」。

美國所以設計這一套前所未有的貨幣制度，有兩個歷史背景；一可表現於杜魯門一九四八年九月十八日競選美國總統演說中的談話：「再持續一千年，美國仍是世界上最偉大的國家」。這是二戰後美國人的自信也是願望，它必須設計一套制度，使自己至少一千年後永遠是太陽底下最偉大的國家。第二個歷史背景各國所以同意的背景，除了當時大家都需要美國參戰外，一九二九年大蕭條時，各國的通膨，嚇壞了歐洲世界。我的老師霍布斯邦曾於其回憶錄中描述二戰前的通膨，一位住在奧地利的親戚終於領了終身俸，結果全部的錢加起來，只夠換一杯飲料。一生的工作退休金，只剩一杯飲料；通膨在二戰前的恐怖，我們現在嚐到的只是小零頭。

一九七一年尼克森悔約，這樣就了事了嗎？尼克森的宣言比他隔年密訪北京，還讓全球措手不及；當時世界各國均以美元儲備外匯存底，美元就像一個世界上最早、也最龐大而且看不見無形的自殺炸彈客，捆住了全球經濟，美元垮了，全球就垮了。

於是從一九七一年起至今，局面始終沒有改變。美元等於綁架了全球，我們都是它的人質，這場跨世界的經濟性人質綁架事件，已持續了近四十年。綁架的時間，綁架的人口數，遠遠數萬倍超過世界上任何一樁恐怖劫機事件。

尼克森宣佈撕毀布雷頓協議的背景，與現在伯南克啟動量化寬鬆政策，搞得美鈔滿天飛導致全球通膨，完全類似。依據諾貝爾經濟學獎得主孟岱爾的計算，美國國力從一九七〇年已開始大幅下滑（連百年帝國都撐不到），美國自一九七五年起，已對外年年貿易逆差高達三十六年。差別只是它逆差的對象，七〇年代是德國，七〇年至八〇年代是日本，九〇年代至二〇一〇年是中國。美國早於艾森豪時代，對外短期債券已高達二百一十一億，而它承諾世界儲備的黃金只餘一百七十八億，足足短缺了三十二億。越戰使美元危機更嚴重，尼克森一上台，決定耍賴；但美國太大，形象又太美好，世界無人敢聲討它。從此，一次又一次，美國不斷以貶值美元，亂印鈔票的方式，挽救各種不同名稱的美國金融危機；包括一九八七年儲貸危機，二〇〇一年網路泡沫危機，尤其此次一百年來最大的二〇〇八年金融危機。

美國為了救自己的經濟，一手貶值美元等於賴債給全球外，另一手亂印鈔票美元滿天飛，飛出美國，全球糧食及石油價格被熱錢一年內炒翻天；於是小麥、玉米等第三世界依賴的糧食無端無由地被炒高至少百分之五十五以上。而全球百分之四十四的糧食皆進口北非地區，這裡全是沙漠地帶，利比亞可耕地只占全國二%，埃及四%；當地民眾糧食必須依賴進口，食品價格莫名其妙地被遠在華府的伯南克宣佈實施QE2（第二度量化寬鬆政策）後，每天一只大餅得多付半倍的價格。聯合國糧農組織估計過去四個月以來，全球赤貧人口突然增加四千四百萬，這些人每天只賺取一．二五美元，依最新糧價，等於一天收入只能買到手中一小把麥子。穆巴拉克不知其厲害，天真地取消小麥全額補助，以免拖垮國家財政，結果革命烽火而至。如果他早點理解美元世界貨幣與華爾街海嘯與亂印鈔票之間的國際經濟陷阱，他可能寧可拍賣埃及木乃伊，也不願取消糧食補助。

美國永遠有它的優勢，它犯錯，全球自動幫它脫罪；它賴債，各國默默承受；它向世界老百姓賣出雷曼有毒金融商品，美國人克魯曼可以批判，各國領袖不敢說；說多了，你就是格達費、或查維茲、或賓拉登的同路人。

許多不了解經濟史的人，跟著CNN稱突尼西亞等各國革命為茉莉花革命，或者Facebook的偉大革命。革命批判的焦點都是穆巴拉克、賓阿里、格達費貪腐……，問題是沙國國王、巴林皇室、卡達酋長這些親美且由美國一路扶持的回教國王，生活不奢華，家族親信很簡約清廉嗎？

這本是一場因美國亂印鈔票導致通膨的動亂，地點從最依賴糧食進口的沙漠國家開始，將來未必只止於沙漠世界。撒哈拉沙漠的沙塵暴，一旦吹起，向來足以淹沒人類的足跡。沙漠上，最後一片天空鳥兒往哪飛？最後一線革命往哪兒吹？誰也說不準。撒哈拉的力量，向來超過美國華府聯準會理性思考的定力。「日圓先生」神原英資預測美國在反對聲浪下，或許不敢再推出QE3，但一定會變相延長QE2；因為美國現在良好的經濟數據，只是大量注資的「人造榮景」。只要聯準會宣佈退出寬鬆政策，美股下半年將出現拐點，大幅下滑修正。

聯合國三月十七日以十比○非常低的票數，勉強授權軍事行動開戰利比亞；理由是為了保護已被格達費軍隊團團包圍的班加西一百多萬反抗軍。但同一時間葉門總統薩雷以軍警狙擊手一天之內殺害五十二名和平示威者；沙國派軍支援鄰國巴林皇室，以手槍直射示威者頭部屠殺什葉派信徒；埃及解放廣場革命之後，至今仍是無政府狀態，軍警還常在街上對民眾開槍。沙漠上的怒吼，一切皆被沙塵淹沒；沒有人看得清楚真相。只有極少數的人知道，這一切災難有一半的禍害，來自美國，為了救自己的經濟印鈔票；來自一九四四年一場森林中的世界貨幣協定；來自另一場強國為挽救自己再次出賣貧窮世界。

過去幾週我數度討論書寫美元，竟成了島嶼上的獨白。凝視那一一陷入無政府狀態崩塌毀滅的世界，平民的死亡，更大的糧食短缺；親愛的讀者，你們真的認為這世界存在正義嗎？

二〇一一年三月二十一日

許多不了解經濟史的人，跟著 CNN 稱突尼西亞等各國革命為茉莉花革命，這本是一場因美國亂印鈔票導致通膨的動亂，地點從最依賴小麥進口的沙漠國家開始，圖為雷曼兄弟倒閉日的照片。

圖片來源／視覺中國

哭泣的法老

埃及，我的祖國，
你留下的太少，
失去的太多。
我是你的兒子，
要把你的心願，化作戰歌。

這是一名蘇伊士詩人寫的詩句。詩人感嘆古埃及金字塔至今已四千七百多年，卻不知它為何而建？如何建成？一切皆因埃及的古文明被毀滅而成謎。埃及詩人悲嘆之餘，忘記他的祖先留下許多事，至今統治人類各大文明，其中之一就是曆法與時間的刻度。埃及人創造「時間」的概念，依據尼羅河氾濫的潮汐漲退，刻劃出「時間」，每日二十四小時，每小時六十分鐘。於是你閱讀我這篇文章時間下午三點鐘，或四點鐘，你每日趕著九點上班，擠死人七點下班；時間以六十分鐘為刻度，而不是一百分鐘；一切我們無法超越的定律，全是尼羅河畔法老遺留的「咒語」。

埃及的祭司們，如何聰明地計算出這套定律呢？由於埃及的文明在西元前四十七年凱撒攻占亞歷山大城時，將圖書館內七十萬卷古書付之一炬；四百年後羅馬皇帝統治埃及，更徹底摧毀「埃及的記憶」，再度燒殺驅散僅存可閱讀古埃及文字的祭司；於是一個巨大的文明，從此斷代，忘記來路，忘記去處；惟一留下的是我們不知為何而遵的「時間刻度」。這算一種法術嗎？至少我們必須佩服，五千年之後，古埃及可以消滅，但埃及的刻度仍存於我們現代每一個人身上交戰著、分秒指揮著、日日定奪著。

埃及今年初百萬抗爭的動盪，只是數千年來與法老金字塔擦身而過，沙漠裡的一件小事故。偉大的埃及人第一個發明了書寫，創造象形文字；五千年前，人類在尼羅河畔奇蹟似地出現了世界上最傑出的農夫，他們精通灌溉，創制曆法，並且以至今無人能破解的工法，打造了謎樣的金字塔。

埃及最古老的金字塔，在一片黃沙之中，一個看似文明斷絕之處，卻有考古學家斷定約莫建造於西元前三十世紀，至今不解如何完成的胡夫金字塔。它迎地而起，孤獨也傲然地佇立於黃沙之中，至今四千七百多年，占地十三英畝；等於是基督教世界最大建築體聖彼得教堂面積的三倍。希臘人發現它的時候，給了它一個我們至今沿用、但胡夫國王未必知曉的名詞「金字塔」，原意是不可思議的高（pir-em-us）。抬頭仰望胡夫金字塔的石墓頂端，頂處約五百英尺高，天際與之相連，平地沙漠瞭望無邊無際；四千七百多年前，建築師怎麼辦到的？任何人目睹，只能仰嘆！二千年來埃及雖滅亡了無數次，但又好似在法老的庇護下總能顛簸地再站起來。人類的文明從尼羅河，走向兩河流域，走向地中海，接著回頭毀滅尼羅河畔的文明；而地球的另一端，一個僅次於埃及的古中國也在五千年前悄悄醞釀誕生。然而國家會傾滅，帝國會殞落，世界史會遷移，只有法老石像，始終象徵著偉大，背靠著永恒；它千年不語，也千年不毀。

埃及暴動至今未歇，阿拉伯之春，已轉為阿拉伯之冬。
圖片來源／視覺中國

埃及毀滅歷史最著名的一段，便是美豔的伊莉莎白泰勒主演的電影「埃及豔后」的歷史。羅馬崛起，凱撒勇於征戰，最終入侵埃及。埃及女王克麗奧佩特拉竭盡全力拯救王國，她兩度以美貌與手腕征服羅馬將軍。直至西元前三十年，凱撒死了，女王不過老了九歲，凱撒年輕的姪子奧古斯都再度於亞力山大登陸，他對豔后沒有任何迷戀之情，除了把她的軍隊打得一敗塗地外，更準備殘忍地留下克麗奧佩特拉的身體性命，羞辱式地凱旋羅馬時當戰利品遊街示眾；克麗奧知曉這項計劃後，勇敢地服毒自殺；從此埃及在羅馬帝國完全傾覆之前只淪為羅馬的一省。

古埃及人留下的影響不只是曆法時間，還包含了驚人的宗教觀。當年祭司教導埃及人奇特的人生信仰，至今深深影響伊斯蘭世界。埃及的祭司相信人若只考慮眼前的利益，不會有好處。人死後，靈魂將住在尼羅河西部山脈的另一邊，在那兒有一個如我們傳說中的閻羅王、埃及祭司稱之為冥神奧塞利斯神，牠將彙報人一生的作為，掌握其功過，最終判定其來世生殺大權。因此今日我們熟悉的聖戰士信仰，早在古埃及時代即存在。人生只是為了來世的準備，冥國才是生命的永恒；也因此埃及發展出木乃伊的文化，今世的軀體，必須好好保存，否則任何靈魂都不能進入冥國。相較被西方歌頌為祖國文明的希臘文化，埃及才是真正的老大。我們今日熟悉的希臘石柱群，其源頭根本來自於尼羅河東岸的太陽神廟石柱陣。每根石柱皆刻滿象形文字，根根石柱代表人對上天的敬畏。史載三千多年前，每一位法老上任，皆需至太陽神廟朝拜，畢其一生，一代接一代，神柱的修建延續長達一千多年。如今石柱仍留存著，單單一根至少得十二個人伸直雙手拉一圈，才勉強圍住。千年敬天，留下宛若森林般的擎天石柱；我十年前曾於尼羅河，搭乘英國人營運的遊艇，行經這條創造人類第一個文明的河流六天五夜，河岸是紅色的土，遠處是黃色的沙，一路行經帝王谷，行經擎天石柱，行經女王金字塔，行經千年文明。今天的人類啊！相形之下，何其渺小！又何其淺薄！

蘇伊士詩人寫的詩句，「埃及，我的祖國，你留下的太少，失去的太多」；感嘆地當然是這個五千年文明的殘破與覆滅。今日若要尋找所謂當年尼羅河埃及人的後代，已幾乎不可尋。幾千年的外族入侵與亡國，使不同的埃及城市，居住著不同的混血人種。埃及的歷史大致可略分三階段，輝煌的法老時代，約莫三千年，王國中心先位於孟斐斯，後移至底比斯；接下來便是波斯及亞歷山大帝東征的時代，埃及的政治中心在外族統治下移至大海邊的亞歷山大港；最近這一千年，阿拉伯人拿回了埃及，首都設於開羅；埃及從此成為阿拉伯世界的中心與領導者。法老老淚縱橫，也無聲無語地看著這一切的改變。尼羅河流域，創造的肥沃土地只占四％的埃及土地，其他多數九十四％都是沙漠；這個結構命定尼羅河所孕育的文明只能養活百萬人口，初期它像一個不知從何而來的巨人，表演了數十世紀的驚人文明；接著人口不斷成長，最終勢必在轟然聲中謝幕一切。

法老滅亡兩千多年後，也是相同的結構，在埃及再上演一齣新的動盪。當美國為挽救它的本土經濟，不顧一切啟動量化寬鬆政策後，導致全球通膨；美國遠處阿拉伯世界最忠實的盟友，便因美元貶值、糧價高漲、食物欠缺、年輕人失業率大增，掀起了阿拉伯世界年度最驚人的百萬人革命浪潮。

撒哈拉沙漠，此刻不是三毛小說的流浪浪漫之地；法老佇立其間，只能再度迎風哭泣。

二〇一一年二月八日

格達費的訣別之旅

他已經太老了，這個十四歲時已組織革命團體的阿拉伯革命青年，如今已然六十八歲，但看上去比實際年齡老得多；他滿頭散亂的髮絲，站在僅剩最後一小塊統治的領土上，格達費像嗑了迷幻藥的老年人，他連殺手的名字都記不住。的黎波里富裕輝煌的綠色廣場，本來就不屬於來自沙漠的他。站在遠眺可望見美麗的地中海高台上，格達費沒有了沙漠之虎的英姿，他疲倦異常。沙漠之虎已褪去了威猛的外殼，他甚至分不清敵人來自哪一個方向。只能咆哮，只能胡言亂語。

我不喜歡跟和著雷根喊格達費「瘋狗」，在我眼中，美國前總統小布希更像「瘋狗」；只是黃種人的悲哀，向來沒有自己黑眼睛看世界的觀點，只能尾隨美國人的世界觀。

格達費不是一個平凡人，他甚至自喻為詩人。了解他，我們必須先給自己上一課利比亞的歷史。格達費出生於一九四二年，貧國的瑟特沙漠部落，或稱貝都因人。在他誕生的年代之前，一九〇〇年起非洲成為英、法逐鹿的殖民地，義大利人看上了利比亞，開始侵略戰爭。格達費的祖父與父親均參與反抗軍，祖父陣亡，父親與叔叔淪為戰俘。

上週聯合國批判格達費屠殺人民，一致通過決議凍結全家及親信海外財產，其中我非常仔細地聆聽義大利代表的致詞。他談了人權，並表示「一切不可思議」。格達費老了，他無力辯駁；事實上義大利當年對利比亞的侵略戰爭持續了二十一年之久。被俘虜的利比亞反抗軍，活生生地從空中被義大利飛機狠狠拋下，屍體掉落地上，血肉模糊，頭、腳四散。義大利軍隊為置反抗的沙漠民族於死地，除封鎖沙漠外圍使戰士無從逃生外，並以水泥封死水井，屠殺牲口；整整二十一年戰役，利比亞只存活一百萬人，有一半利比亞人從地球上「蒸發了」。

格達費誕生後家鄉「平靜」不到十年，隨即捲入二次大戰，成了英法美同盟聯軍對抗德義軸心國的主戰場。著名的德軍「沙漠之狐」

隆美爾北非之戰，格鬥現場就在格達費的家鄉。二次大戰結束後六年，一九五一年利比亞在聯合國斡旋下由三大地區以同等名額組成國民大會，起草憲法，但沒有民主，西方扶植伊崔斯皇室，利比亞從此獨立。

利比亞一百萬人分成兩種階級，居住於狹窄地中海岸線歐風別墅的買辦貴族，他們的工作主要伺候英美法商人及石油公司；另一群人則是多數掙扎於酷熱沙漠荒原的窮人。格達費成長於生產石油的瑟特大沙漠中，買辦與大石油公司每日來來去去，當地居民卻永遠生活於赤貧線下。

他從小就是個天才，永遠第一名，而且自許為詩人。父親賣了牲口極力栽培他受教育；到了十二歲時，父親給了他沙漠同學沒見過的科技禮物，一台電晶體收音機。正如今日推翻他的年輕人看半島電視台及上Facebook串連抗爭，格達費透過收音機聆聽「阿拉伯之音」埃及總統納瑟的演說。納瑟在一九五二年成功發動政變推翻埃及法魯克王，推行重大政經改革，重新分配土地，尤其大幅降低歐美人在埃及的經濟影響力。納瑟大力鼓吹「泛阿拉伯團結運動」，他相信只有把

格達費歷經凌虐後，曝屍街頭。一代英雄，
一代獨裁者以此終了他的人生。
圖片來源／視覺中國

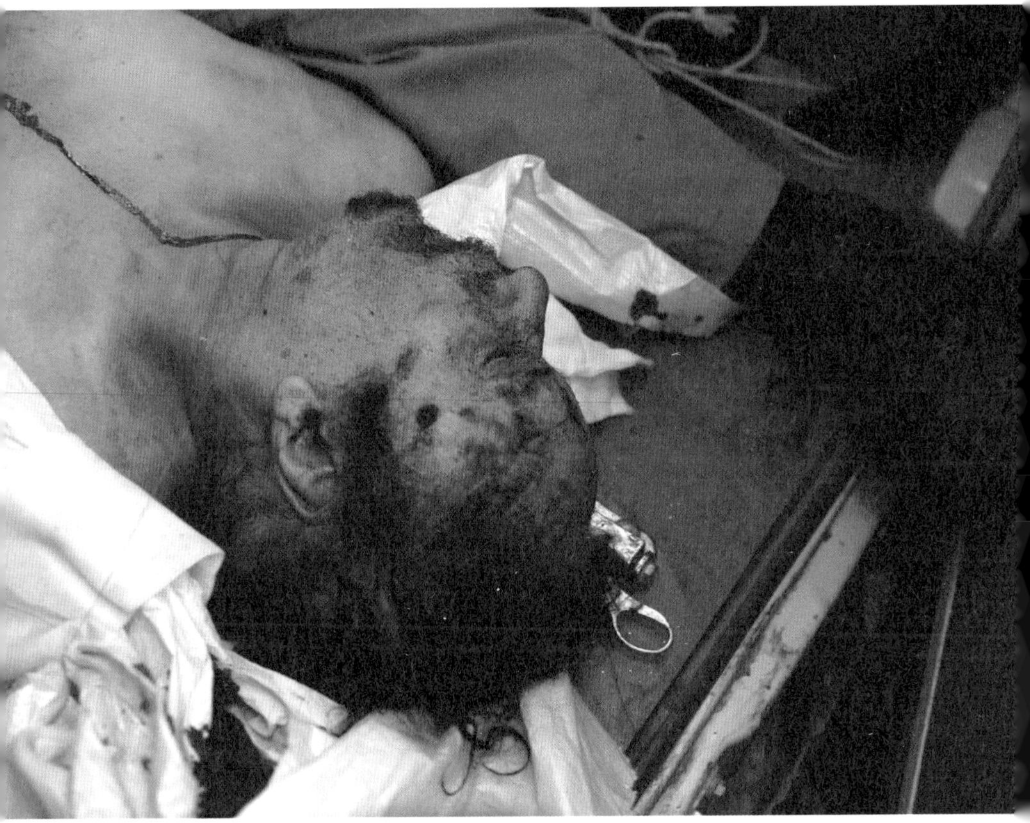

突尼西亞、利比亞、埃及、敘利亞、黎巴嫩、伊拉克、約旦、沙烏地阿拉伯、阿爾及利亞、葉門，這些世俗遜尼派的國家相互結盟，阿拉伯人才能脫離數世紀來遭受瓜分宰割的命運。阿拉伯應以什葉派與遜尼派共組兩大聯盟，放棄彼此仇恨，打敗共同敵人以色列，才不會一再陷入歐美白人故意設下的圈套。一次及二次大戰後，英美兩大國刻意劃分阿拉伯國家疆域，確保每一個阿拉伯國家同時存在不同教派，彼此屠殺；納瑟說，重振阿拉伯榮耀，這是惟一的道路。

納瑟的理想成了十二歲收音機旁格達費的標竿，他終生深信這一點。十四歲格達費才中學，即準備走上納瑟之路，組織革命團體。他二十一歲畢業於利比亞大學歷史政治學系，並取得法學士學位。格達費一生跳級唸書好幾回，大學時同修不同學位對他一點也不難，他不肖自己只當一名律師為買辦或石油公司做走狗，畢業後馬上報考利比亞軍校，六年後出任通信兵團上尉。一九六九年九月一日清晨，格達費趁伊崔斯國王在土耳其度假時，率領幾排士兵，佯裝軍事訓練演習，驅車直入首都的黎波里占領皇宮及攻擊守衛軍；接著再親自率領一個縱隊坦克進入第二大城班加西，占領美國人興建的電台，在電台中他宣告「以阿拉之名」推翻反動而且頹敗的政權。他當時發表演說的激昂魅力，與今日年邁的胡言亂語，簡直無法令人相信出自同一人。透過廣播，他告訴利比亞子民「目睹這場聖戰，打過美好戰役的你們……平原的子弟與沙漠的孩子們，讓我們前進……以阿拉伯民族之名，向共同的敵人以色列宣戰。」

這場二十七歲青年上尉發動的九月政變，迅速獲得利比亞人的認同。利比亞全國土地九十五％為沙漠，只有二％是可耕地；幾世紀以來，它一直是世界上最貧困的國家。一九五九年利比亞發現大量石油，西方扶植的伊崔斯國王把全部油權拍賣給英美石油公司，僅有少數石油新財富落入利比亞貴族手中。格達費政變後組革命指導委員會，把英美石油公司股份五十一％強迫收歸國有，並且驅逐一大半殺害他祖父的義大利移民；他從石油公司奪回的利潤，並非全放自己口袋中，一大半拿來修道路，蓋醫院學校，築水利工程增加可耕地，並且為沙漠地區牽築電網，這是利比亞沙漠中，第一盞亮起來的電燈。

從那一刻起，世界的歷史開始一步一步改變；西方世界起初不知如何面對這個突如其來的大阿拉伯瘋子，但又不得不依賴當地低硫的高級石油。真正讓西方鬆一口氣的是阿拉伯高峰會上的國王酋長們，對格達費鼓吹的「大阿拉伯共和國」，並不感興趣。

格達費是瘋子？還是英雄？他的例子再度證明這兩種人物，往往只有一線之隔。對格達費兩種完全相反的評價，最著名的是雷根稱他為「瘋狗」，還有前蘇丹總統尼邁芮說他是個人格分裂者，而分裂的兩面都是邪惡；但他長期的盟友卡洛比這麼觀察他，「你無法想像他有多天真」，黎巴嫩長期訪問他的記者沙巴則認為「格達費提供的是一道半生不熟加浪漫主義的雜碎」；阿爾及利亞的總統對他的阿拉伯共和國構想，認為過分天真，「他只是一個不知所云的小孩」。

惟一鍾愛他的是埃及總統納瑟，他在格達費婚禮時為他證婚，並以此信徒為榮。但納瑟死後，沙達特繼任，整個大阿拉伯沙漠裡，只剩一個抱持「統一阿拉伯」的老小孩，孤獨地大聲疾呼「阿拉伯站起來」。

一九七〇年代起，孤獨的沙漠之子開始學習美國的「干涉主義」。當然，他不是美國，他沒有帝國的「軟實力」，他只是一個自以為是，想在沙漠萬年孤苦的荒原中力博帝國的狂人。美國的干涉，可以以「人權」為名，可以以「大規模化學武器」為名，可以今天談民主，明日扶持獨裁者。但美國的口號不一，思想脈絡卻很清楚，那是一條全國與共的「美國利益現實干涉主義」。格達費做了許多類似美國CIA在海外幹的事，但不是為了利比亞，只為了他腦海中浪漫反帝反歐的思想。

一九七二年巴勒斯坦解放組織突擊慕尼黑奧運以色列選手宿舍，八名以色列運動員被殺害，突擊隊使用的武器查出是使用利比亞駐西德大使館特權管道運入，這是格達費首次國際上涉及重大恐怖行動；隔年一九七三年一架利比亞客機被以色列空軍報復狙擊，機上一〇八名利比亞平民全數無辜罹難。全世界居然無人譴責以色列，格達費決心再報復。年底一個名為「阿拉伯民族青年團」的組織在羅馬機場展開恐怖射擊，當場三十三人死亡，十八人受傷；其中一名被捕者坦承，這是格達費親自下令。

我不喜歡跟隨西方書本或媒體看待事件，這是另一個例子。紐約時報以屠殺稱呼「羅馬機場」事件，但他們對以色列空軍射擊利比亞飛機造成一〇八名利比亞平民死亡，似乎只敘述成國際間的死亡遊戲。

格達費後來更陸續支持美國黑人激進團體黑豹黨、北愛爾蘭共和軍、菲律賓毛派回教團體……美國CIA則在利比亞五度策動政變，並鼓動人民示威。最大規模一次為一九八四年，情況只比這回好一些。格達費每一次皆死裡逃生；其中更有一次大示威，暴民們揚言要炸毀三口高產量油井，導致近十萬名利比亞人逃難出國。不管哪一次示威，格達費皆進行事後整肅，軍官被絞死，與他們共事但沒有參加叛亂的軍官，也奉命必須出席目睹行刑現場。他殘忍的清算手段使當年那位「大阿拉伯」的浪漫青年，從此只剩下屠夫的面貌。

晚年的格達費一直在做困獸之鬥，他活在恐懼不安中，即使逃離利比亞的反對人士，他都不放過，他的殺手團到維也納、到塞浦路斯執行暗殺任務。此時沙漠之子與帝國的抗爭，只剩血腥之路。持續循環，直至美國出現更大號的敵人賓拉登及伊拉克戰爭，美國才在現實考量下與格達費和解。

我不知道格達費最終將如何走完他人生的訣別之旅；已倒戈的利比亞司法部長說：「格達費，不是穆巴拉克，他不會逃，他會戰到最後一刻。」沙漠的孩子從小就抱持轟轟烈烈的大夢，他的人生從貧困到富裕，從一介無名，到舉世二〇一一年經濟都得看他臉色。可惜他的夢愈大，他的人生就愈瘋狂。阿拉伯永遠在嗚咽中，在內戰中，在彼此仇殺中；最終在美國量化寬鬆引發的糧食通膨動盪中，格達費被他的子民推翻。美國人發明的Facebook，讓新一代的格達費們誕生了。

或許在帝國眼皮底下，想尋找正義，本來就是一件瘋狂的事；何況只是一名來自沙漠的孩子。

二〇一一年二月二十八日

世界不會在我們的眼前倒場

他離開的不是時候。

賈伯斯一走，歐洲銀行已出現系統性風險。十月十日，台灣正慶祝辛亥百年；同一時間，世界上最大的城市銀行德克夏宣佈「倒閉」，比利時政府將之收歸國有。這家銀行今年七月才通過歐盟壓力測試；但南歐主權債務破洞比歐洲央行想像大太多，十月十日德克夏倒下，十月十三日信評機構惠譽調降駿懋銀行（Lloyds）與蘇格蘭皇家銀行（RBS）評等，並稱歐洲可能有六十六家銀行無法通過壓力測試。歐洲銀行未來要不一一走上國有化，要不就得合併重組，太小的政府只放手讓它們倒。因為國庫及歐洲金融穩定基金，不可能挽救一切。

賈伯斯比這些事、這些消息，早走了八天。

二〇〇八年金融海嘯時，蘋果員工沒有人從賈伯斯身上聞出恐懼的味道。他親口授權書寫的傳記，兩週後才上市。美國《Bloomberg Business Week》先行採訪了曾與他貼身工作的夥伴。當賈伯斯聽聞「雷曼倒閉」時，他只揮一揮黑色的衣袖，「別讓外在的噪音干擾我們的心聲。」前一年蘋果才剛推出了iPhone；賈伯斯等待這一天，已等了兩年半；終於盼到了，他不相信「海嘯」有能力摧毀革命性發明。蘋果主管崔伯（Bud Tribble）以「現實扭曲的磁場」，形容賈伯斯面對大衰退的自負。iPhone的大螢幕、觸控式、及Appstore完美結合，每一個創意都來自賈伯斯；來自一位躺在病床上與死神賽跑的奇才奇想。

事實證明天才的創意不必向大時代屈服；直至去年年底，蘋果已賣出一億二千九百萬支iPhone。

賈伯斯的天才與勇敢是與生俱來的嗎？他的生命哲學是在寧靜中才慢慢成長的。後半人生他總是對無關緊要之事說不，這使他有能力專注且不鬆懈地持續創造。賈伯斯著名的語錄之一，「保持簡單，比複雜還難。」這句話語，不只表現於英雄年代，更呈現於他大限將屆之際。

美國紐約時報近日報導賈伯斯最後的時光，今年二月他已平靜地告知幾位好友，時日不多。與過往的堅持一般，賈伯斯仍將最後歲月牢牢掌握於他認為值得專注的人與事上。他喜歡吃壽司，體力許可，不顧醫師警告上最喜歡的料理店。大限未了，他為蘋果高層提供**iPhone 4S**發佈會建議。離世前最後幾週，賈伯斯已無力獨自爬上自家樓梯，在家人攙扶下困難地移動身軀，只為了躺床上，口述人生傳記予沃爾特；他要把自己遺憾早逝的人生領悟，留給孩子。

「我想讓我的孩子了解我。」由於工作，科技巨人並沒有留給孩子們太多陪伴的時光，離去之前他的妹妹回憶他說話語氣充滿少見的溫和與歉意。他只擔憂那些依賴他的人，把時間留給他們；他一點都不想參加總統、矽谷、不同協會準備頒給他的大獎。賈伯斯一一拒絕，在生命耗盡前，他知道什麼是真實的，什麼是虛幻的。

「死亡是生命中最好的發明」，「死亡的好處在於他使你有勇氣追尋自己的內心與直覺」。

年輕時，光著腳逛校園；有一段時日甚至相信人只須以水果為食，這樣不只可驅除體內穢物，而且不用洗澡。帶著怪味，他先迷上了印度瑜珈，最終又迷上了日本禪宗。事業初成功時，賈伯斯也曾有那麼一段跟進他人腳步的日子，與名人瓊．拜雅，黛安娜．基頓約會、穿上西裝參加派對。當年為了幫蘋果打知名度，三十五年前他還曾打著領帶上電視，緊張不已，並告訴身旁的人他快嘔吐了，「我不是開玩笑的！」開場的第一句話就NG，他直呼「老天」！

隨著人生的腳步，屈折、閱歷、自信、與死亡的宣告，賈伯斯逐步逐步找回了自己。

比歐洲銀行風暴早走了八天，如果他還活著，會害怕嗎？我想答案很明顯，一點也不。他相信任何時代人都有路可走；那怕一無所有。光著腳，只要真誠地專注於一些有價值有意義的人與事，世界不會在我們的眼前塌陷。

這是賈伯斯，令人最懷念的地方。

二〇一一年十月十四日

追悼賈伯斯，以燭光點起殘缺一角的蘋果 Logo。
圖片來源／視覺中國

PE0366

只剩一個角落的繁華

作　者—陳文茜
主　編—林馨琴
責任編輯—李筱婷
美術編輯—三人制創
執行企畫—林貞嫻
發 行 人—趙政岷
出 版 者—時報文化出版企業股份有限公司
10803台北市和平西路三段二四〇號三樓
發行專線—(〇二)二三〇六—六八四二
讀者服務專線—〇八〇〇—二三一—七〇五
(〇二)二三〇四—七一〇三
讀者服務傳真—(〇二)二三〇四—六八五八
郵撥—一九三四四七二四 時報文化出版公司
信箱—台北郵政七九～九九信箱
時報悅讀網—http://www.readingtimes.com.tw
電子郵件信箱—history@readingtimes.com.tw
法律顧問—理律法律事務所　陳長文律師、李念祖律師
印　刷—和楹印刷股份有限公司
初版一刷—二〇一一年十二月二十三日
初版十四刷—二〇一八年十一月十四日
定　價—新台幣三〇〇元
（缺頁或破損的書，請寄回更換）

時報文化出版公司成立於一九七五年，
一九九九年股票上櫃公開發行，二〇〇八年脫離中時集團非屬旺中，
以「尊重智慧與創意的文化事業」為信念。

只剩一個角落的繁華 / 陳文茜著.
-- 初版. -- 臺北市 : 時報文化, 2011.12
面 ;　公分. -- (People ; 366)

ISBN 978-957-13-5487-3(平裝)
1.言論集

078　　100025655

ISBN 978-957-13-5487-3
Printed in Taiwan